地　安

Ground happy life

이 땅에 모든 사람들의 행복한 삶을 위하여…

일러두기

• 도형들에서 ⟶ 화살표는
홀러가는 시간, 과정, 시간에 따른 순리, 돌아가는 도道로 의미한다.

• 도형들에서 중간의 - - - - - - 점선들은
극과 극의 경계, 엇박자의 경계, 중도, 중간등을 의미한다.

노자 도덕경의 공

老子 道德經의 空

상(上)

地安 이규석

하학상달 下學上達

지혜는 학력과 무관하지는 않지만
견문, 체험, 생각(선정)으로 얻는다.

모든 것은 공으로 이루어져 있다.
작은 일이든 큰 일이든 세상만사 모든 삶이 공이다.
공을 깨닫는 것이 지혜다.

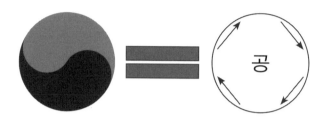

운명運命

나를 거역하는 운명아! 내 앞의 길을 비켜라.

나를 도와주는 운명아! 내 앞의 길을 인도하라.

이는 끝없는 도전과 끝없는 노력이다.

내가 현생에서 내 운명을 바꿀 수 있다.

"한때는 강해야 한다. 또한 한때는 약해야 한다. 그러나 한때는 강하고 한때는 약함을 적절히 응한다면 그것이 진정한 도다."

강하고 약한 것을 적절히 배우고 응하는 것이 노자의 도덕경이라 할 수 있다.

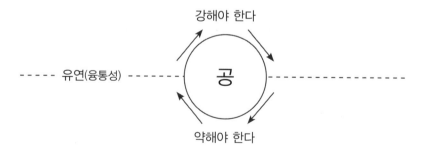

도덕경과 공을 함께 논하는 이유는 인간을 포함한 모든 만물이 살아가는 길은 모두 공을 이루기 때문이다.

노자는 "강한 것보다 유연해야 한다.(부드러워야 한다)"라고 주장했다. 그럼 유연이란 무엇인가? 융통성 있게 행하는 것이며 극과 극의 끝을 깨닫고 중간 정도를 행하는 것으로 양끝의 경계를 넘지 않게 처신하는 것을 말한다. 즉 균형을 이루는 행동을 하는 것이다. 공의 도형에서 엇박자의 경계, 즉 중도에서 한쪽으로 치우치면 공의 법칙에 의하여 시간이 지나면 다른 한쪽으로 다시 치우쳐 결국 자신에게 득보다는 실을 겪게 되기 때문이다.

진리는 하나의 공이다.
"그것을 믿느냐, 믿지 않느냐, 깨닫느냐, 깨닫지 못하느냐?"의 차이로 자신의 인생이 달라진다.

돌아가는 공의 세상은 누구도 막을 수 없다.
그가 위대한 성인이거나 악명 높은 폭군일지라도.
공 안에 있는 모든 존재는 돌아가는 흐름일 뿐이고, 이에 따라야 무난할 수 있다.

아끼기만 하는 자는 진정한 도덕인 쌓는 덕을 모른다. 이는 세상 살아가는 법을 모르기 때문이다.
이는 무지하여 공사도 구분 못하고, 내 것과 네 것, 크고 작은 일을 구분 못하기 때문이다.

노자 도덕경을 읽기 전에 꼭 이해하고 가야할 부분이 있는데 하나는 도道며 하나는 덕德이라 할 수 있다. 도덕을 누가 보느냐 하는 것은 이 글을 이해하는 데 중요하다.

도道는 창조주의 능력, 즉 공의 세계를 노자가 창조주의 입장에서 보고 적은 글이며, 덕德은 창조주가 만든 정법定法의 길을 바르게(정법正法) 갈 수 있도록 노자가 사람들의 입장에서 적은 글이라 할 수 있다. 다르게 표현하면 중립의 입장에서 적은 글이다. 이 글은 꼭 그 상대방의 입장에서 이해를 해야 노자 도덕경의 가르침을 이해하고 받아들일 수 있다.

다만 노자는 도를 유의 세계와 무의 세계로 분리하여 하나의 도라고 적었다고 생각하면 좋을 것 같다. 다르게 말하면 도道는 무無의 세계의 입장에서, 덕德은 유有의 세계의 입장에서 적었다고 생각한다면 좋을 것이다.

많은 장에서 나오는 무無는 없다. 또는 부정으로 보기보다는 유의 반대되는 무의 세계, 즉 보이지 않지만 존재하는 세계로 이해를 한다면 쉽게 이해할 수 있을 것이다.

참고로, 불교에서 무無를 화두로 두고 수행을 하는 이유가 바로 엇박자로 돌아가는 공의 세계의 법칙을 깨닫기 위해서이다.

결국 상대방의 입장에서 보는 길이 하나가 된다면 그것이 노자가 바라는 세상이며 누구나 좋은 길을 걸어가는 밝고 행복한 세상이 아닐까 한다.

이를 공의 도형으로 이해한다면

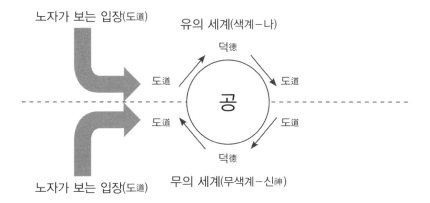

노자가 바라보는 도의 공의 도형

노자 도덕경을 시작하기 전에 가장 중요한 공의 개념을 이해하여야 각 장의 학문적 문장을 문자에 국한하지 않고 이해 할 수 있다.

자연自然(공空) - 자연스럽게 천지 창조 된 세계나 세상

도道 - 자연(공)이 돌아가는 길(좋은 길과 안 좋은 길)

덕德 - 덕에 따라 좋은 길과 안 좋은 길로 달라진다

이 글 '도덕경의 공'을 읽고 어떻게 이해하고 어떻게 실천을 하느냐에 따라 이것이 인생살이 가장 기본적인 책이 될 수도 있고, 심오한 책이 될 수도 있다. 또한 행동에 따라 자신에게 오묘하고 미묘한 일들이 일어날 것이다.

공을 이룸을 "원만하다, 잘됐다, 만사형통이다"로 표현한다. 어

떤 일이 잘되었거나 성공했을 때 엄지와 검지로 원을 그리는 표현도 같은 뜻으로 보면 된다.

도道를 모를 때는 천지天地가 두렵지 않다.
도道를 알면 천지天地가 두렵다.

진정한 민주주의의 국민, 전 세계의 모범이 되는 일류 대한민국 국민이 되기 위해서는 도덕이 최우선으로 중요하다.

이 글을 쓸 수 있었던 것도 모두 이 땅에서 살다가신 모든 선조님과 현재의 모든 사람의 공헌이 있었기에 가능했다.

고맙습니다, 고맙습니다, 고맙습니다.
항상 고맙습니다.

노자 도덕경의 공에 대하여

21세기 2020년을 맞이하여 현시대는 많은 물질로 인하여 자기 중심으로 살려고 하는 시대가 도래했고 이로 인하여 더욱 도덕이 중요한 시대가 되었다. 다만 그 진정한 도덕을 모르다 보니 문제가 생기면 법적으로 무조건 해결하려고 하는 것 또한 현실이고 미래이다.

정계, 재계, 연예계, 문화계 등 각계각층의 유명인사들이 수시로 사회적 물의를 일으켜 법적, 민사적 송사가 일어나고, 윤리 도덕적 지탄을 받는 것을 우리는 볼 수 있다. 이는 진정한 도덕을 배우지 못하고 이해하지 못한 결과라 생각한다. 이런 연유로 '노자 도덕경의 공'을 나름의 고생과 고행으로 깨달음을 얻어 적게 되었으며 이 글을 읽는 분들에게 도움이 되었으면 한다.

사람이 살아가면서 도(살아갈 길)를 모르기 때문에 덕을 말하고, 덕을 행하지 않기 때문에 때문에 인(어짐), 의(올바름), 예(예의)를 말하고, 인, 의, 예를 지키지 않기 때문에 인성 교육을 말하는 것이다. 만약 도(살아갈 길)를 안다면 덕과 인, 의, 예는 천성으로 무의식적으로 행하고 있기 때문에 말할 필요가 없다.

이전의 노자 도덕경의 모든 책들은 모두 잊고 읽어 주시기 바란다.

앞으로의 시대는 도덕이 필요한 시대가 올 것이다. 독재 시대나 공산주의 시대는 도덕이라는 길이 크게 필요가 없다고 할 수 있지만 민주주의 시대에는 가장 중요한 것이 도덕이라 할 수 있다. 도덕을 모르면 내가 괴로움을 당하기 때문이다.

이 글 노자 도덕경의 공은 어느 누구도 시도하지 않은 방법으로 2700년 전부터 전해지는 오묘하고 미묘한 노자 도덕경을 공의 도형으로 해설하여 누구나 쉽게 이해하도록 하였다.

만사가 너무 어려워도 탈이고 너무 쉬워도 탈이라 하였다. 이 글 또한 자칫 너무 쉽게 볼 수 있다. 하지만 이 글의 깊이는 살아온 사람의 고생에 따라 다르며 살아가는 사람의 행동에 따라 달리 느낄 것이다. 알아도 행하지 않으면 모르는 것보다 못하다는 말도 있듯 어설프게 알고 행동하지 않으면 모르고 행동하는 것보다 못한 것이다.

태곳적부터 첨단의 미래 시대에도 모두 공空이며 공 안(空內)에서 돌아갈 것이다.

노자는 누구인가

노자 도덕경의 저자는 노자이며 『사기史記: 노자한비열전老子韓非列』에 의하면 성씨는 이李, 이름은 이耳, 자는 담聃이다. 출생지는 중국 초고현楚苦縣 여향厲鄕 곡인리曲仁里(현재 하남성 녹읍현)로 되어 있다.

생존 시기는 정확하지 않으나 공자가 노자에게 예禮에 대하여 물어 본 것으로 보면 공자보다 나이가 많고, 160에서 200여 살을 살았다는 기록도 있다.

노자는 주周나라 때 도서관 사서史書에 해당하는 관리인 수장지

리守藏之史를 지낸 것으로 전하고 있다.

도덕경은 어떤 책인가?

주나라 왕실 도서관 관리를 하던 노자는 주나라가 쇠락하면서 사회가 혼란스러워지는 것을 보고 속세를 떠나 은둔하려고 했다. 그래서 노자가 관문(함곡관函谷關)을 나가려고 하는데 관문을 지키는 관윤關尹이라는 사람이 노자의 실력을 알아보고 글을 남겨주기를 간청하므로 노자가 5천여 글자를 썼는데 이 글이 도덕경이라고 한다.

도덕경은 81장으로 되어 있으며 도덕경의 책 이름은 상편上篇 시작인 제1장의 첫 문장인 '도가도道可道 비상도非常道'의 글자 중 '도道'와 후편後篇 시작인 제38장의 첫 문장인 '상덕부덕上德不德 시이유덕是以有德'의 글자 중 '덕德'을 합하여 '도덕경'이라 부르게 된 것이다.

도덕경이 중요한 것은 노자가 살던 시대나 중간 과정의 시대, 현시대, 미래 시대에도 중요한 것은 도덕이라 할 수 있기 때문에 그 내용을 깨닫는 것이 무엇보다 중요하다고 생각하기 때문이다.

배운 자나 배우지 못한 자, 가진 자나 가지지 못한 자 모두 도덕이라는 진정한 깨달음을 얻지 못하고, 탐욕과 이기심으로 더불어 사는 세상의 잘못이라는 개념 자체도 모르고 사는 것은 현실에서 자신은 물론이요, 가족, 더 나아가 그 사회, 그 국가까지도 위태롭게 할 수 있다.

진정한 도덕의 뜻을 깨닫기 전에는 탐욕과 이기심으로 인하여 더불어 밝은 세상을 만들 수 없고, 혼자서 잘한다고 잘할 수 없는 세상이 오기 때문에 노자도 그 시대에 은둔을 한 것이 아닐까? 이런 연유로 2700년이 지난 현 시대에도 노자의 도덕경을 바르게 알아야 더불어 살아가는 세상이 만들어질 것이다.

도덕경이라는 것은 도道는 길이요, 덕德은 너에게 이익 되게 하는 것을 말하고, 경經은 성인이나 성현들의 가르침을 적은 책을 말한다. 즉 진리의 뜻으로 해석해도 되고, 결국 너에게 덕을 쌓는 가르침의 길을 가르치는 책이라 생각하면 된다. 너에게 쌓은 덕은 시간이 지나면 오묘하고 미묘하게 자신에게 복으로 돌아온다.

도덕경을 분리하여 살펴보면

제1장부터 제37장까지는 상권으로 구성하고, 제38장부터 제81장까지는 하권으로 구성하며, 도道와 덕德에 대하여 섞어 설명하고 있다.

道에 대하여 설명한다면 도道는 길 도道로 살아가는 길을 말하며, 그 길을 크게 분류하면 좋게(순탄하게) 걸어가는 길과 안 좋게(험난하게) 걸어가는 길로 분류할 수 있다.

안 좋은 길(고품의 길[道])

예를 들어 굴곡, 비포장 도로, 산악 도로 등과 같이 걸어가는 길이 순탄하지 않고 험난하고 피곤한 길을 말한다.

사람이 살아가다 보면 편하고 좋은 일도 있고 행복한 때도 있지만 때로는 힘들고 안 좋은 일도 있고 불행할 때도 있다. 그 길이 사람마다 조금씩은 다르지만 그래도 이렇게 살아가는 길을 안 좋은 길이라고 할 수 있다. 전반적으로 이렇게 살아가는 길을 불교의 사성제(고집멸도苦集滅道) 중 처음 시작되는 고(괴로움)에 해당된다고 보면 된다.

안 좋은 길을 걸어가는 것을 공의 도형으로 표현한다면 다음과 같다.

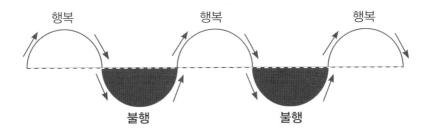

상기 도형과 같이 걸어가는 길이 안 좋은 길이라 할 수 있다.

예를 들어 세옹지마라는 말이 있다 – 고사성어

새옹의 말. 즉 변방 노인의 말처럼 복이 화가 되기도 하고, 화가 복이 될 수도 있음.

새옹-지마塞翁之馬의 공空 – 고사성어

(사람의 인생살이에서 길흉화복吉凶禍福은 예측하기 어렵다는 뜻을 의미함)

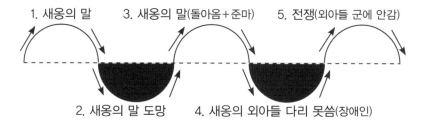

1. 새옹의 말   3. 새옹의 말(돌아옴+준마)   5. 전쟁(외아들 군에 안감)

2. 새옹의 말 도망   4. 새옹의 외아들 다리 못씀(장애인)

새옹지마의 공을 풀어 본 도형

새옹지마는 새옹이라는 노인이 공空을 두 바퀴 반을 도는 인생을 말한다. 말[午]은 나름의 전 재산을 말하며, 말이 도망간 것은 전 재산을 잃어버려 불행으로 해석되며 아들이 다쳐 장애인이 된 것도 가정의 불행으로 해석된다. 이를 1단계에서 5단계까지를 풀어서 살펴보면

1. 새옹이라는 노인에게 귀하고 비싼 애마(말)가 있었다. – **행복**
2. 새옹의 애마(말)가 도망을 쳐 귀하고 비싼 말[午]을 잃는다. – **불행**
3. 새옹의 애마가 집으로 되돌아오는데 귀하고 비싼 말(준마)을 한 마리 더 데려온다. – **행복**
4. 새옹의 외아들이 새로온 말을 타다가 떨어져 다리를 못 쓰게 된다. – **불행**
5. 전쟁이 발생하여 모두 징병이 되어 전쟁터로 나가야 하지만 외아들은 다리를 못 쓰니 전쟁에 나가지 않아도 되어 목숨을 건졌다. (당시 전쟁에서는 10명 중 9명 정도는 목숨을 잃는다.) – **행복**

이렇게 새옹이란 노인은 5단계의 공의 인생을 살아도 극과 극의 공의 인생을 순리로 받아들였다.

새옹지마가 고사성어로 남아있지만 사람의 인생살이도 이 새옹지마와 같이 극과 극의 곡절의 '공空의 인생人生'을 살아갈 수밖에 없다.

새옹지마는 누구나 인생살이 하다 보면 생전에 육체적, 정신적, 물질적으로 괴로운 고苦의 삶을 3번 정도는 겪는 것을 의미한다. 학술계에서도 성공을 위해서는 2~3번 정도의 시련을 받는다고 나와 있다. 그러나 새옹이라는 노인은 세상 이치를 깨달음으로써 이 과정을 순리로 받아들였으므로 안 좋은 길 중에서 좋은 길을 걸어갔다고 볼 수 있다.

깨달음이 없는 사람은 안 좋은 길에서 무리수를 행하므로 더욱 안 좋은 길로 갈 수 있다.

좋은 길(도道의 길[道])

예를 들어 직선 포장도로, 고속도로 등과 같이 걸어가는 길이 순탄하고 편한 길을 말한다. 이 길은 깨달음을 얻은 사람과 타고난 사람만이 갈 수 있는 길이라 할 수 있고, 이런 연유로 석가모니, 노자, 공자 등 성인이나 성현분들이 걸었던 도道의 길을 설명하는 것이다.

공의 도형으로 좋은 길을 걸어가는 것을 표현한다면

상기 도형과 같이 변화가 없고 일정한 길을 걸어가는 길이 좋은 길이라 할 수 있다.

상기의 길[道]들 중에서 노자는 굴곡이 없는 길을 누구나 걸어가기를 바라고 그 길을 갈 수 있는 길을 덕으로 설명하고 있다.

덕德에 대하여 설명한다면 덕은 지키는 덕과 쌓는 덕으로 크게 분류할 수 있다.

지키는 덕德(너에게 피해를 주지 않는 덕-작은 덕)

사람이 태어나 배우는 과정에서 가장 중요하게 말하는 것이 도덕이다. 이 도덕은 지키는 도덕으로 자신의 인생길에 해를 입느냐 해를 입지 않느냐의 경계가 된다. 즉 지키면 나에게 피해는 생기지 않는다.

예를 들어 공공질서, 사회 질서나 사회 규범, 도덕 윤리, 법질서 등 공정하고 거짓말하지 않는 정직한 행동을 행하는 것으로 공의 법칙에 의하여 공동의 생활을 위하여 너에게(나-70억 인구) 피해를 주지 않도록 지켜야 하는 덕을 말한다.

만약 지키지 않고 너에게 피해를 주게 되면 공의 법칙에 의하여 나에게 피해로 돌아온다.

공의 도형으로 살펴보면

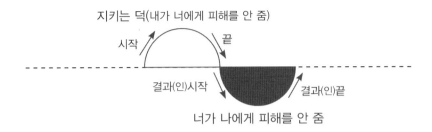

지키는 덕(내가 너에게 피해를 안 줌)

시작　끝

결과(인)시작　결과(인)끝

너가 나에게 피해를 안 줌

상기 도형에서 내가 질서를 잘 지켜 너에게 피해를 주지 않았으므로 너도 나에게 피해를 주지 않게 되니 결국 내가 나를 볼 때 피해를 보지 않는다.

쌓는 덕德(너에게 이익을 주는 덕-큰 덕)

인생길에서 깨닫든 천성이 되든 지키는 도덕의 경계를 넘어 내가 복을 받느냐 받지 않느냐의 경계라 할 수 있다.

쌓으면 나에게 이익이 생긴다.

예를 들어 너에게 보시, 기부, 헌금, 베풂, 봉사, 배려, 용서 등을 행하면 시간이 지나 너가 나에게 덕을 베풀기 때문에 결국 내가 복을 받는 것이 된다. 공의 법칙에 의하여 너에게(나-70억 인구) 이익을 주는 덕을 말한다. 불교에서는 이를 공덕이라 하며, 그 공덕은 공음덕과 공양덕으로 나누며 그 크기는 공음덕이 훨씬 크다고 할 수 있다.

공음덕은 고행, 수행, 수신 등으로 자신이 깨달음을 얻는 덕을 말하며, 공양덕은 너에게 이익되게 하는 덕을 말한다. 이 덕들은 모두 자신의 입장에서 보면 복이 된다고 할 수 있다. 또한 덕은 쌓는 크기에 따라 자신에게 돌아오는 복도 다르다.

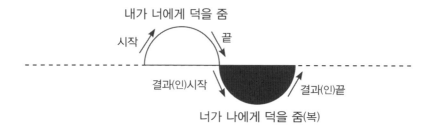

상기 도형에서 내가 너에게 쌓는 것은 덕이라 하고 시간이 지나면 너(나-70억)가 나에게 덕을 주게 된다. 너가 나에게 준 덕은 자신이 볼 때는 복이라 할 수 있다.

결국 덕을 쌓으면 복이 많다고 할 수 있고, 덕이 많다, 복이 많다는 것은 결국 하나의 공을 이룬 상태라 할 수 있으며 결과는 같은 뜻이라 할 수 있다.

예를 들어 자신이 열심히 공부하고 기술을 습득하는 노력을 하는 것은 자기 자신을 위한 것이므로 이도 쌓는 덕이라 할 수 있지만, 혼자서는 살 수 없기 때문에 자신의 쌓은 재능을 너(남)를 위하여 쓰겠다고 생각하고 노력하면 쌓는 덕 중 상덕으로 바뀌게 되며, 초심을 잃지 않는다면 그 덕으로 받는 복은 무엇으로 비교하겠는가?

살아가면서 노력하지 않는 사람은 없다. 다만 자신에게 쌓는 덕은 하나임으로 적다. 그러나 너는 나 이외 70억 이상의 무한의 존재이므로 너로부터 덕을 받는다면 그 덕을 어찌 헤아릴 수 있겠는가?

그 엇박자의 경계는 나를 위한 덕이냐 너를 위한 덕이냐가 경계라 할 수 있다.

많은 종교의 신도들이 자신과 가족, 자신의 주위만 위하여 기도, 기원하는 것은 진정한 공덕을 쌓는 것이 아님을 깨달아야 한다.

상기의 덕德들로 인하여 자신이 살아가는 길[道]이 달라지게 되는 것을 노자는 도덕경에서 전하고자 하였다.

현실에서 순간적으로 어떤 사람이 돈이나 횡재나 요행으로 복이 많다고 하는 것은 일시적 현상이므로 후일은 알 수 없고, 그 사람의 쌓은 덕에 따라 진정 복을 가늠할 수 있다.

덕을 쌓는다는 것은 내가 너에게 한 언행에 대하여 너로부터 고맙다는 언행이나 생각을 듣거나 느끼는 순간에 쌓는 것이다. 나부터 먹고살기도 힘든데 왜 너에게 덕을 쌓는 길을 배워야 하느냐고 생각할 수도 있다. 또한 나부터, 내 가족부터, 내 주위부터 먼저 먹고살려고 한 것은 동서고금을 떠나 모두가 그렇게 행동했고 현재도 하고 있는 것이며 누구도 부인할 수 없는 세상살이이기 때문이다.

도와 덕의 관계

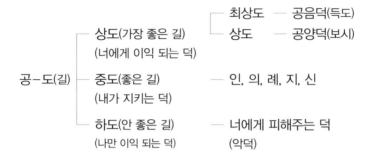

어떠한 자리에 있던 덕을 행하기에 따라 때가 되면 오묘하고 미묘하게 나에게 대가(복)로 돌아오게 된다. 좋은 덕은 나에게 복으로, 안 좋은 덕은 나에게 피해로 돌아온다. 실제로 하도의 덕은 덕이라 할 수 없다.

도덕경과 공의 관계

도덕경의 공을 공의 도형으로 살펴보면

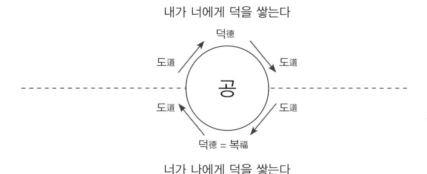

공으로 본 도덕의 공의 도형

상기 도형을 풀어 살펴보면

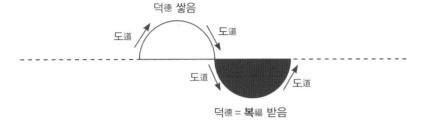

너가 나에게 덕德을 쌓는다(나에게 복福이 된다)

풀어서 본 도덕의 공의 도형

풀어선 본 반원의 공이 결국 상기 도형의 공으로 이루어지는 것이다. 또한 화살표는 도道로서 시간에 따라 공이 돌아가는 길을 말한다. 다만 그 길은 크게는 두 종류로 분리하며 하나는 좋은 길로 돌아가는 것이고, 다른 하나는 안 좋은 길로 돌아가는 것이다.

참고로 상기 도형은 덕을 쌓아 내가 복을 받는 길로 걸어가는 좋은 길의 도형이며 반대로 안 좋은 길로 걸어가는 것도 상기 도형과 같이 안 좋은 결과로 공을 이루게 된다. 결국 좋은 길로 내가 행복한 삶을 살아가는 것이며, 안 좋은 길은 내가 괴롭고 힘든 시간을 보내는 것이다.

도덕이라 하여 바르고 정직하게 살아가는 것도 나쁘다 할 수는 없으나 공의 세상은 엇박자로 구성되어 엇박자로 돌아가기 때문에 혼자서 잘한다고 되는 것이 아니며, 과정을 거치면서 도덕에 대한 관념이 무너질 수 있기 때문에 진정한 공의 이치(공의 법)를 깨닫고 덕으로 살아간다면 진정 노자의 가르침인 도덕경을 알게 되는 것이다.

지금 시대는 물질적 풍요로 인하여 먹고사는 것은 욕심만 조금 비우면 큰 문제는 없으나 사람의 욕심이라는 것은 가히 끝이 없다. 치열한 경쟁으로 인하여 자신과 가족부터 우선적으로 살려고 하기 때문에 사회적 문제를 야기하고, 그 보완 대책으로 늘어나는 법을 감당해야 하는 현실적 부담에 직면해 있다. 이런 법치주의 안에서의 세상살이는 결국 시간이 지나면 자신도 피해자가 될 수 있다. 이런 연유로 현시대는 인성을 많이 강조하고 있는 것 또한 사실인데, 바른 인성으로 살아야 미래가 바르게 서지 않겠는가? 결국 인성이라는 것은 도덕을 말하는 것이라 할 수 있으며 여기서 노자 도덕경이 더욱 중요하다고 볼 수 있다.

많은 지식인들이 노자 도덕경을 전달하고자 했고 현재도 전하고 있다. 이 또한 시대는 항상 도덕을 외면하고 자신부터 잘살려고 하는 이기주의가 동서고금을 떠나 누구나 태어나 살아가는 환경에서 만들어지기 때문이다. 이를 불교에서는 삼독(욕심, 성냄, 어리석음)이라 하여 본능적으로 자신부터 살려고 태어난다고 보았다. 다만 공의 세계는 자신부터 살게 만들어 놓았지만 그 경계를, 즉 정도를 넘으면 엄한 질책과 그에 상응하는 대가를 받아야 공을 이루고 소멸한다.

많은 선지식인들이 도덕을 중요시하고 가르침을 전하지만 현실은 전혀 도덕과 멀어지고 이기주의가 갈수록 팽배해지며 사회적으로 법치주의가 판을 치는 안타까운 세상을 맞이하고 있다.

진정 노자의 도덕경이 중요하며 그 가르침을 제대로 전하고 배워 모두가 더불어 살아가는 덕치주의가 되어야 우리 미래의 세상이 밝아지고 후손들도 편안하고 복 받는 세상이 오지 않겠는가?

도덕경을 배워야 하는 이유

도덕경을 왜 배워야 하는가는 본문에 상세하게 공의 도형으로 서술하였으나 조금 이해를 드린다면 다음과 같다.

"내가 너에게 덕을 쌓는다면 시간이 지나면 너가 나에게 덕을 쌓는다(준다)."

여기서 너가 나에게 덕을 쌓는 것(준다)은 내가 내 입장에서 보면 복을 받는 것이 된다. 이런 연유로 도덕경은 내가 복을 받는 길을 가르쳐 주는 책이라 할 수 있다.

이 글 내용의 핵심은 도덕경과 공이 하나임을 알아야 하며 공의 이치를 깨달아야 도덕경은 물론이요, 모든 경들을 이해할 수 있고, 이를 행하여야 내가 복을 받을 수 있다는 것이다.

이런 연유로 본문에 들어가기 전에 공空의 원리와 순리의 내용을 설명하였고, 이 부분은 조금은 재미가 없을 수 있으나 꼭 이해하고 넘어가야 이 글은 물론, 세상 살아가는 만사를 이해할 수 있다.

"지금은 하기 싫고 배우기 싫어도 배우고 나면 후에는 자신에게 많은 덕(복)이 되는 것이다."

10대도 때가 되면 50대 이후가 되고, 20~30대도 때가 되면 50대 이후가 되며, 누구나 천명天命을 누린다면 50대 이후를 가야 한다. 세상살이가 자세히 살펴보면 모두 공으로 돌아오는 것을 알 수 있고 이를 깨닫고 살아간다면 누구나 자신이 바라는 성공을 이룰 수 있다.

역대 성공한 모든 위인들도 알고 보면 공의 세상 안에 살다 나름의 공을 이루고 살다간 것을 알 수 있다. 현 시대의 치열한 세상살이 속에서 자신의 갈 길을 원만하고 행복하게 살아갈 수 있는 길은 돌아가는 공의 세계를 깨닫는 것이다. 노자가 그 당시 사람들과 후대의 사람들을 위해서 남긴 도덕경도 돌아가는 공의 세계를 깨닫고 살아가기를 바라는 것이 아닌가 한다.

공이란 무엇인가?

(실제 돌고 도는 공의 세상의 공의 법은 오묘하고 미묘하므로 자신이 유심히 많은 시간을 갖고 살핀다면 조금은 깨달음을 얻을 수 있을 것이다.)

공은 "어떠한 말과 글, 상상으로 표현할 수 없고, 오묘하고 미묘하여 비어있다"로 표현하여 빌(비어있다) 공이라 한다.

공은 그 자체인 원리와 돌아가는 순리로 구분할 수 있다.

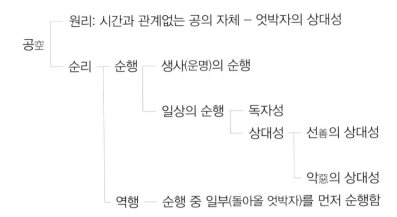

공이 만들어진 원리와 공이 돌아가는 순리로 설명할 수 있고, 순리에는 타고난 분수대로 살아가는 것을 순행이라 하고, 타고난 분수에서 벗어난 순행은 역행이라 한다.

공은 원리와 순리로 인하여 말이 씨가 된다고 하듯이, 시작하면 서서히 일어서며 그 씨가 열매를 맺어 공을 이루어야 소멸되기 때문에 항상 공을 일으키는 것을 조심하고 삼가야 후일에 무탈할 것이며, 혹 너에게 덕을 쌓는다면 후일에 복으로 공을 이루고 소멸된다.

예를 들어 자신의 집을 집구석이라고 한다면 그 집은 서서히 집구석으로 변하며 후일은 반드시 집구석이 되며 불행한 가정을 이루게 된다.

이렇게 공은 오묘하고 미묘하게 돌아오기 때문에 사람은 언행을 조심하고 삼가야 하는 것이다. 이런 연유로 공자님은 군자는 혼자일 때나 함께할 때도 삼가고 조심해야 함을 말한다.

참고로 자신이 거울 앞에서 오른손을 들고 있다고 하면 반대편

인 거울의 입장에서 보면 왼손을 들고 있는 것을 알 수 있다. 공의 세계는 이와 같다.

공의 원리와 순리를 웃는 얼굴과 찡그린(짜증) 얼굴로 예를 들어 보면 다음과 같다.

공의 원리

공의 원리의 도형

공의 원리에는 웃는 얼굴과 찡그린(짜증) 얼굴이 공존한다.

원리는 엇박자로 공존하고 불변이며, 순리는 자신이 행하기에 따라 다르게 나타난다. 그 순리도 불변이다.

공의 순리

웃음 얼굴의 공의 순리 도형

상기 도형과 같이 웃는 얼굴로 시작하면 나의 미래도 웃는 일들로 끝난다.

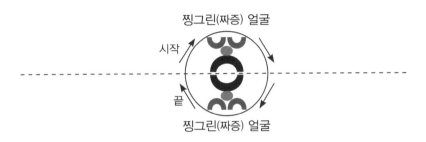

찡그린(짜증) 얼굴의 공의 순리 도형

상기 도형과 같이 찡그린 얼굴이나 우울한 얼굴로 시작하면 나의 미래도 찡그린 일과 우울한 일들로 끝난다.

웃는 얼굴은 항상 얼굴 상에서 공을 이룬다.

항상 웃음 얼굴의 공의 도형

항상 공을 이루니 어찌 복을 받지 아니하겠는가?

인생은 공이다

역易과 공空을 공의 도형으로 살펴보면

과거의 자신의 행으로 현재의 자신이 있으며

과거의 자신의 행으로 현재의 자신이 있으며

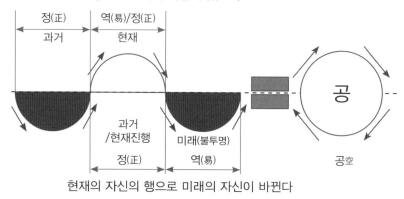

현재의 자신의 행으로 미래의 자신이 바뀐다

역易과 공空의 도형

상기의 공의 도형에서 지나간 과거나 지나가는 현재의 자신을 정正이라 하는 것은 자신이 살아가는 것이 나름대로 모두 바르고 옳다고 판단하기 때문이며, 그 판단으로 행한 모든 업業들이 미래에는 바뀌게 되는 것을 말한다.

이렇게 공은 계속 돌아가며 정은 역이 되고 그 역은 다시 정이 되고, 또한 정은 역으로 변한다. 이렇게 계속 엇박자로 뒤바뀌어 돌아가는 것이다.

불교에서는 이를 인연법이나 연기법이라 한다.

공은 계속 엇박자가 맞물려 돌아간다. 다만 깨달음을 얻은 자의 공은 그때그때 공을 이루고 소멸하고 다시 공을 시작한다.

도형으로 살펴보면
깨달음이 없는 사람들의 세상살이 공의 도형

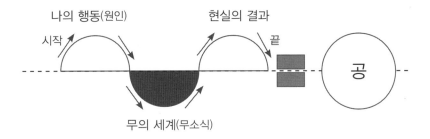

이렇게 무의 세계를 깨닫지 못한 연유로 무의 세계를 거쳐 현실로 나에게 돌아와서 하나의 공을 이루고 소멸한다. 다만 여기서 연을 맺어 끝나지만 현재의 행동으로 또 원인을 만들기 때문에 계속 엇박자로 맞물려 돌아가는 것이다.

'유종의 미'란 말이 있듯이 그때그때 만사를 깨끗하게 정리할 줄 아는 사람이 깨달은 사람이라 할 수 있다.

예를 들어 죄인이 너에게 피해를 주고 그 대가로 교도소에 수감되어 형량을 채우고 석방되었을 때 유의 세계로 볼 때 공을 이룬 상태가 되지만, 공의 법칙으로 볼 때 깨달음이 없는 관계로 이전 공의 꼬리를 끊지 못하고 이어지기 때문에 또 다시 반복하는 죄를 범하게 되는 것이다.

공의 진행 과정

이 부분은 가장 중요하므로 꼭 이해를 해야 한다!

이 공의 이치는 세상 살아가는 가장 중요한 것이며 자신에게 직접적으로 체험을 하고 이해득실을 주게 된다. 많이 배우고 많이 가지고 많이 노력하는 것도 중요하지만 이 공의 이치를 깨닫지 못하다면 한때의 일장춘몽과 다름이 없음을 알아야 한다.

과정이란 무엇인가?

크게는 사람이 태어나 죽을 때까지 겪는 일생의 굴곡(극과 극)을 거치는 것을 말한다. 살아가면서 작게는 수천만 번 희로애락의 번뇌, 크게는 2~3번의 죽을 만큼 힘든 시련 등을 맞으며 살아가는 것을 말한다.

과정이란 앞서 공의 세계의 원리와 순리에서 분류하였다. 그러나 공의 원리는 시간과는 관계가 없고, 순리는 시간에 직접적인 영향을 준다. 이 시간이 태곳적부터 현재에 이르고, 앞으로도 갈 것이기 때문에 모두 과정이라 할 수 있고, 노자는 이 과정을 도道라고 한다. 결국 공이 돌아가는 과정을 도라고 하는 것이다. 또한 공을 돌아가게 하는 에너지는 기氣라 하며 '공의 기', 즉 공기空氣라 한다.

이 글의 공의 도형에서 ——▶ 화살표는 시간에 따른 과정, 즉 도道라 한다.

그러므로 공의 세계에서 자신이 돌아가는 과정에서 진리를 깨닫고 행하지 못하면 자신이 걸어가는 길의 잘잘못이 모두 자신으로부터 인한 것임을 깨달을 수 있다.

사람이 살아가는 일련의 현상들도 모두 진행 과정이다.

예를 들어 어떤 사람이 어떤 목적지를 가기 위해서 차를 운행하며 가는 것도 진행 과정과 같다. 아침과 밤은 구분이 없지만, 밤이 지나면 아침이 오고, 아침이 지나면 밤이 찾아와 하나의 공을 이룬다. 매일 같은 일상으로 유심히 관하여 느끼지 않으면 돌고 있는 것을 모르지만 하루 한 번 돌아 공을 이룰 때마다 많은 생명이 생生(태어남)하고, 멸滅(죽음)한다. 또한 자신도 미세하게 변하여 가고 있는 것이다.

영유아기, 초중고, 대학은 의무 교육이나 선택을 받는 것도 모두 내가 살다 가기 위한 과정이다. 욕심 내는 것도 과정이요, 성질 부리는 것도 과정이며, 어리석은 것도 과정이며 하는 일이 잘되는 때도 과정이요, 잘 안 되는 때 또한 과정이다. 대단하다고 느끼는 것도 과정이요, 억울하다고 느끼는 것도 또한 모두 과정이다. 나쁘게 행할 것이냐도 과정이요, 선을 행할 것이냐도 과정이다. 이렇게 살 것이냐, 저렇게 살 것이냐도 과정이며, 태어나 죽을 때까지 살아가는 것도 과정이다.

이 모든 과정은 엇박자로 공을 이루고 계속 돌아가고 있다. 죽을 때까지 행복만 이룬다면 얼마나 좋을까? 하지만 누구나 공의 과정을 거쳐야 하기 때문에 불가능한 일이다.

인과응보因果應報도 또한 과정의 일부일 뿐이다. 모두가 과정을 거쳐야 하기 때문에 조급함이 없는 너그러운 마음과 부족하지만 여유로운 마음, 자애로운 마음, 자비로운 마음으로 공을 이루고 살아가는 것이 현명하고 지혜로운 길이라 할 수 있다.

현실에서 사건 사고가 발생했을 때 인과관계를 중요하게 여기고 조사하는 이유는 원인과 그 과정을 중요하게 보고 있기 때문이며, 그 과정에 의하여 대가를 다르게 보기 때문이다.

과정을 공의 도형으로 살펴보면

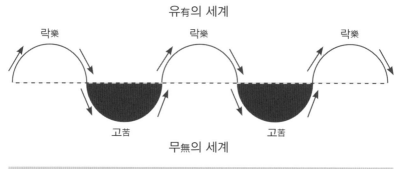

과정의 공의 도형

상기 도형에서 즐거움(락樂) 다음에는 괴로움(고苦)이, 또 다음에는 즐거움이 오듯이 공의 세계는 계속 오묘하고 미묘하게 엇박자로 돌아가고 있기 때문에 언제 어느 때에 뒤바뀐 삶으로 변할지 아무도 모른다. 그러니 조심하고 또 조심하여야 무탈할 수 있다.

돌아가는 과정에서 자신이 한 행동이 원인(因)이 되어 앞으로의 연緣으로 자신을 만들어갈 것이다.

콩 심은 데 콩 나고, 팥 심은 데 팥 난다.

콩 심은 데 팥 날 수는 없고, 팥 심은 데 콩 날 수는 없다. 만사萬事가 사필귀정으로 이렇게 돌아간다.

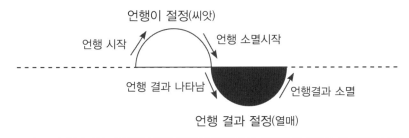

언행이 절정(씨앗)

언행 시작

언행 소멸시작

언행 결과 나타남

언행결과 소멸

언행 결과 절정(열매)

공의 원리와 순리의 공의 도형

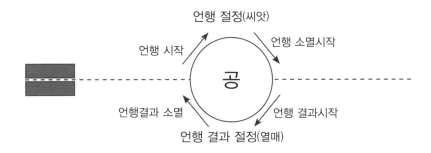

언행 절정(씨앗)

언행 시작

언행 소멸시작

공

언행결과 소멸

언행 결과시작

언행 결과 절정(열매)

공의 진행 과정의 공의 도형

공의 세계에서 상기 도형은 가장 중요한 원리 원칙이며 어떠한 행동에 대하여 결과로 무조건 오묘하고 미묘하게 돌아오니 자신의 언행을 행하기를 알아서 해야 한다. 이는 잘되든 안 되든 모두 자신으로부터 일어난 일이며, 자신의 탓인 결과임을 깨달아야 한다.

절대 주의!

공의 세계는 절대적으로 되돌아오기 때문에 한때 무의식적이든 어쩔 수 없이 했든 잘못한 행동은 아무리 반성하고 후회하고 착하게 살아도 반드시 그 잘못에 대하여 나에게 피해로 되돌아와서 괴

롭게 만드니 행동할 때 조심하고 또 조심하여야 한다. 또한 공의
법은 누구도 모르게 오묘하고 미묘하게 되돌아오며 이것은 불변의
법칙이다.

엇박자의 경계는 무엇인가?

극과 극의 길의 중간에 있는 중도中道의 길이라고 할 수 있으
며, 깨닫지 못하면 중도의 길에서 벗어나지만, 깨달음을 얻은 자
는 항상 중도의 길을 갈 수 있다.

엇박자의 경계는 모든 현상에서 일어난다. 또한 항상 경계에서
고민을 하는 경우가 많다.

이것을 할까? 저것을 할까? / 이것을 먹을까? 저것을 먹을까?
/ 이렇게 할까? 저렇게 할까? / 이 사람 만날까? 저 사람 만날까?
/ 이 길로 갈까? 저 길로 갈까? / 이 집 갈까? 저 집 갈까? / 여
기 투자할까? 저기 투자할까? / 이 사업할까? 저 사업할까? / 빨
리 갈까? 늦게 갈까? / 직장을 그만둘까? 말까? / 술을 먹을까?
말까? / 담배를 필까 말까? / 돈을 빌려 줄까? 말까? / 욱하는 자
신의 성질대로 할까? 말까? 등 무수히 많은 엇박자의 길의 경계에
서 고민하는 경우가 많은 것이 현실이다. 또한 뜻대로 되지 않으
면 잘못된 길을 간 것을 후회하게 된다. 중간의 경계에서 중심 잡
기가 어려운 것이 모두의 현실이다. 이 또한 돌고 도는 공을 깨닫
기 전에는 누구도 예외가 될 수 없다.

소소한 것은 선택을 잘못해도 문제가 되지 않지만 큰 갈림의

경계에서는 한 번의 선택이 일생에 중요한 영향을 미치므로 심사숙고하여야 한다.

엇박자의 경계에서 고민하는 것을 한 번으로 끝내면 좋겠으나 살아가면서 무수히 많은 고민을 해야 하는 것이 사람의 일생이라 할 수 있다. **다만, 유의 세계와 무의 세계의 엇박자의 경계는 인간의 능력으로는 구분짓기 어렵다.**

공의 원리

공의 원리를 도형으로 살펴보면

유有, 천天, 양陽, 나, 남男, 고高, 대大…

공

무無, 지地, 음陰, 너(70억인구－나), 녀女, 저低, 소小…

공의 원리 도형

상기 도형에서 공의 원리는 시간에 관계 없이 엇박자의 상대성을 말한다.

엇박자(양극)가 서로 조화를 이루면 중용이라 할 수 있다. 예를 들어 많은 물질을 가지고 있는 사람이 적게 가진 사람을 적절하게 도와준다면 그것이 조화이며 가진 자의 바른 중용이라 할 수 있다. 높은 자리(지위)에 있는 사람이 낮은 자리(지위)에 있는 사람의 환경과 여건을 이해하고 배려한다면 그것이 조화이며, 높은 자리

(지위)에 있는 사람의 바른 중용이라 할 수 있다.

공의 순리

선이 오면 곧 악도 따라온다는 말이 있다.

이는 좋은 일이 있으면 곧 안 좋은 일도 따라온다는 말과 같으며 이것이 공의 세계가 순리로 엇박자로 돌고 있는 것을 말하는 것이다.

공의 순리 중 순행을 공의 도형으로 살펴보면

하나, 생사의 순행(사람의 생)

누구나 살다 죽는 순리를 말한다.

공의 도형으로 살펴보면

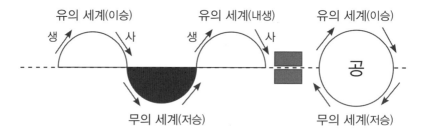

생사 윤회의 공의 순행 도형

상기 도형에서 ──▶ 는 시간에 따른 순리의 순행을 말한다. 태어나 때가 되면 죽고, 죽은 후 다시 업에 따라 육도 중 한 곳에 환생한다. 즉 계속 돌아가는 것을 말한다. 내가 현재 존재하는 그 자체를 말한다. 나에게는 큰 공空이라 할 수 있다.

현실에 태어난 생을 공의 도형으로 보면 이전의 생과 겹치므로 환생이라 할 수도 있으므로 전체적으로는 현재 태어난 것을 환생이라 볼 수 있다. 그러므로 인간계에 태어난 지금의 사람들도 얼마나 많이 공의 세계에서 돌다간 현생에 태어났는지를 알 수가 없다. 간혹 전생을 볼 수 있는 특별한 기인들도 있지만 그렇다 하여 돌아가는 공의 세상이 달라지는 것은 없다.

둘, 길흉화복의 순행(사람의 일생)

누구나 살아가면서 흥하고 성공하며, 망하고 쇠퇴하는 순리를 말한다.

공의 도형으로 살펴보면

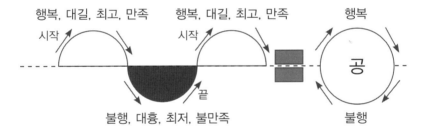

일상 윤회의 공의 순행 도형

상기 도형에서 ──▶ 는 시간에 따른 순리의 순행을 말한다. 행복하면 때가 되면 불행하고, 불행 후 다시 행복해지는 일상의 윤회를 계속한다. 즉 계속 돌아가는 것을 말한다.

예를 들어 나이 든 사람이 살아온 과거를 회상하고 이야기할 때 한때 잘나가던 기억을 말하는 것도 돌아가는 일상의 공空 중에서 자신의 최고의 때를 말하는 것이다.

일상의 공은 내가 태어나 죽기 전까지 살아가면서 돌고 도는 인생살이를 말한다. 나에게는 작은 공空이라 할 수 있다.

상기의 순리의 순행은 깨달음을 얻지 못한 중생의 삶이라 할 수 있다. 일상의 윤회는 깨달음을 얻으면 바꿀 수 있지만 생사 윤회는 바꿀 수 없다.

순행 중 첫 번째 사람의 생(태어남)을 인因(원인)이라 하면, 두 번째 사람의 일생(현재를 살아감)은 연緣(만남)이라 할 수 있다. 또한 현재의 자신이 죽으면 행한 모든 것이 인因(원인)이 되어 다음 생을 기약하는 것이다. 이 모두를 업業이라 한다.

공의 순리의 순행 중 독자성과 상대성

공의 순행 중 사람의 일상의 순행은 독자성과 상대성으로 분류하며, 자신이 행동하기에 따라 내일을 기약하는 길흉화복의 업과 다음 생을 기약하는 업을 만드는 것이다. 많은 사람들이 무엇이 잘되면 내 탓으로 돌리고 잘못되면 네 탓으로 돌리는 것도 모두 공의 순행 중 독자성과 상대성을 깨닫지 못한 무지에서 온 것이다. 잘못은 시간이 지나면 화(피해)로 돌아올 것이며, 결국 깨닫느냐 깨닫지 못하느냐에 따라 자신의 업(복福)이 달라지게 되는 것이다.

독자성 – 자기가 자신을 상대하는 것을 말한다.

공의 세상에 태어난 자신에게 가장 중요한 핵심이며, 불교의 핵심 사상인 반야심경의 색즉시공, 공즉시색의 핵심이다. 또한 부처님이 열반하실 때 말씀하신 자신을 등불 삼으라고 하신 '자등명自燈明 법등명法燈明'의 말씀 중 자등명은 결국 '자신을 깨닫지 않으면 얻을 것이 하나도 없다'라고 달리 표현할 수 있으며, 이는 결국 공의 순행 중 독자성으로 공의 세계를 깨닫는 것이 중요함을 의미한다. 또한 이 독자성을 깨닫게 되면 상대성은 자연스럽게 깨닫게 된다.

이 독자성은 덕 중에서 가장 좋은 덕이며 공음덕이라고 한다. 또한 사람이 걸어가는 길 중 가장 좋은 길을 말한다.

독자성을 공의 도형으로 살펴보면

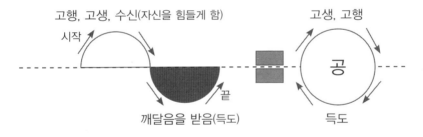

고행, 고생, 수신(자신을 힘들게 함)   고생, 고행

시작

공

깨달음을 받음(득도)   끝   득도

순행 중 독자성의 공의 도형

상기 도형에서 공의 순행 중 독자성은 자신이 고생, 고행(수행)을 얼마만큼 하느냐에 따라 얻는 깨달음은 다르고, 고생 고행하지 않으면 갈수록 무지하여 후에 괴로운 일들을 맞이하게 된다. 이

땅에 고생 없이 살다가는 사람은 아무도 없다. 단 고생의 종류는
선의의 고생과 악의의 고생으로 분류할 수 있다.

현실에서 많은 고생을 한 사람은 세상을 보는 눈이 다르다.

상대성 – 내가 너를 상대하는 것을 말한다.

이 상대성은 나 혼자만 살아가면 알 필요도 없지만 나 혼자만
살아갈 수 없기 때문에 나 이외의 너(70억 인구 – 나)를 알아야 한다.
상대성이란 내가 너에게 행동하기에 따라 시간이 지나면 너로 인
하여 나에게 돌아오는 결과가 다르게 나타나는 것이다.

상대성은 선善(너에게 덕 쌓음)을 행할 때와 악惡(너에게 해를 쌓음)
을 행할 때로 분류할 수 있다.

상대성 – 악惡을 행할 때

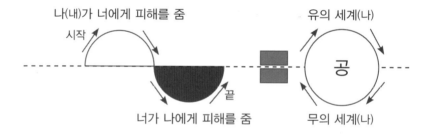

순행 중 상대성(악)의 공의 도형

현실에서 많은 사람들이 자신부터 덕을 보려고 하다 보니 갈수
록 살아가는 것이 복잡해지고 자신에게도 피해로 돌아오는 것이
현실이며, 너에게 피해를 주는 경중에 따라 나에게 돌아오는 피해

도 경중으로 달라진다.

예를 들어 교도소에 많은 사람들이 감금되어 억제된 삶을 살아가는 것도 결국 너에게 피해를 준 결과가 아니겠는가?

상대성 – 선善을 행할 때

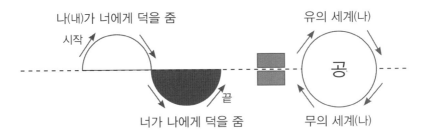

순행 중 상대성(선)의 공의 도형

상기의 두 상대성의 엇박자 중 선과 악의 도형에서와 같이 공의 이치는 나는 너로 돌아오기 때문에 나(내)가 하기에 따라 자신에게 돌아오는 선악이 달라진다. 참고로 너가 나에게 주는 덕德은 내 자신이 볼 때는 복福이 된다. 많은 사람에게 덕을 쌓는다면, 즉 돌아오는 복도 많을 것이다.

선의의 고생은 독자성으로 자신의 노력에 따라 달라지는 것을 말한다.

악의의 고생은 상대성으로 자신이 무지하여 너에게 피해를 줌으로 인하여 자신에게 피해가 돌아와 고생하는 것을 말한다.

공의 순리 중 역행

역행은 깨달음을 얻고자 하거나 자신이 복을 받고 싶어 하는 경우 자신이 만드는 길을 역행이라 할 수 있다. 이 역행의 길은 최상의 좋은 길(최상도)이며 행복할 때 불행을 함께 행하며 행복 안에서 돌아올 불행을 미리 소멸시키는 길을 말한다.

이 역행은 "선善을 베풀어라, 덕德을 쌓아라" 하는 말과 같고 행동을 하여야 함을 의미한다.

공의 도형으로 살펴보면

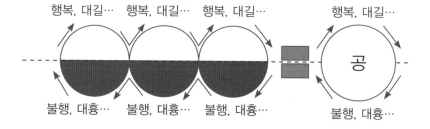

일상 윤회의 공의 역행 도형

상기 도형에서 ──▶ 는 시간에 따른 순리의 순행을 말한다.

이 역행의 길을 일상인 듯, 또는 천성인 듯 행한다면 앞서 설명한 변함없고 일정한 좋은 길을 가는 것을 말한다.

도형으로 살펴보면

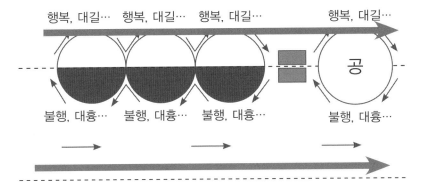

도(좋은길 상도)의 공의 도형

상기의 공의 도형들에서 공의 원리와 순리에서 순행과 역행 또한 순리에서 독자성과 상대성이 모두 하나의 공으로 이루어져 있고, 모두 하나의 공으로 엇박자로 돌아가고 있음을 알아야 한다. – 공의 법칙이라 하며 오묘하고 미묘하게 돌아가며 가장 중요한 진리이다.

핵심인 공이 어떻게 일어나는지를 알아야 자신이 살아가야 할 길을 알 수 있다. 항상 공은 엇박자로 함께 일어나며 시간이 지나면 결국 공을 이루게 된다.

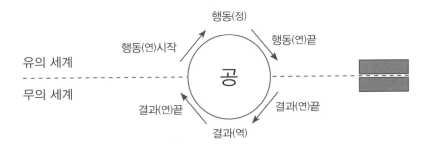

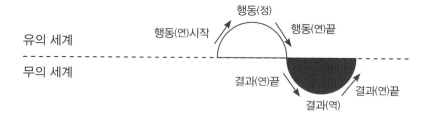

행동(정)

행동(연)시작   행동(연)끝

유의 세계

무의 세계

결과(연)끝   결과(연)끝

결과(역)

상기 도형에서 어떻게 행동하는냐에 따라 결과가 엇박자로 돌아오니 시작이 중요하다. 시작을 나쁘게 하면 결과는 나에게 나쁘게 돌아온다. 다만 돌아오는 데에 많은 시간을 두고 관심있게 살펴보지 않으면 깨달을 수 없다.

이 법칙은 "깨달음을 얻은 자(득도자得道者)라도 행동하지 않으면 괴로움을 맞으며 누구도 예외가 될 수 없다."고 할 수 있다.

참고로, 대우주를 공이라 하면 우리가 살고 있는 지구는 대우주에서는 그 많은 행성들 중에 하나이기 때문에 '나(내)'가 된다고 볼 수 있다. ('나(내)'라는 이름을 가진 나도 지구촌 70억 인구 중에 하나인 것과 같다.)

지구가 자전(1시간에 15도 회전하여 하루가 공을 이룬다)하는 것을 독자성이라 할 수 있다. 지구가 공전(태양계를 한 번 도는 데 1년이 걸려 공을 이룬다)하는 것은 상대성이라 할 수 있다.

만약 지구가 독자성이나 상대성으로 돌지 않는다면 우리의 존재도 없을 것이다. 현재 우리가, 또한 내가 존재하는 것은 이 공의 법칙을 벗어날 수 없다.

원리 원칙의 공

공공의 이익이나 서로 간의 이익을 목적으로 행동하는 경우에 자주 쓰는 말이 '원리 원칙대로 해라'는 말이다.

'유의 법', 즉 현행법으로 원리 원칙적으로 행해야 서로가 무탈할 수 있고 명분과 정의가 통하고 바로 서기 때문일 것이다.

원리는 '공의 이치' 중 **'공의 원리'**라고 할 수 있다. (엇박자의 공의 세계의 공의 원리를 참조) 행동하면서 원리를 벗어나지 않는 행동을 행하는 것을 말한다. 원리에 맞게 행동하면서 끝까지 원리를 지키는 것을 말하며, 과정에서 원리에 벗어나면 후에 공을 이루지 못하여 자신에게 피해로 돌아올 수 있기 때문이다.

원칙은 '공의 이치' 중 **'공의 순리'**라고 할 수 있다. (엇박자의 공의 세계의 공의 순리를 참조) 원칙을 지키지 않으면 공이 돌아가면서 조화를 이루지 못하여 공을 이루지 못하고 '공의 원리'에서 벗어나므로 결국 탈이 나며, 내 자신이 손해를 보는 피해자가 된다. 다만 현실에서 원리 원칙만 지키고 살기가 어찌 쉽다 하겠는가? 하지만 결국은 지키지 않으면 공을 이루지 못한 이유로 당사자인 내가 피해자가 되는 것이다. 원리 원칙을 유도리(yutori − 형편이나 경우에 따라서 여유를 가지고 신축성 있게 일을 처리하는 것을 속되게 이르는 말. 융통성) 있게 행하는 사람은 지혜로운 사람일 것이다.

현실에서 정치인들, 공인들, 공무원들, 사회 지도층 등이 사회적 물의를 일으킬 때 자주 등장하는 말이 도덕을 내세워 말하며 원리 원칙을 말한다. 이 도덕의 잘잘못의 경계는 모두 공의 법칙 안에서 오묘하고 미묘하게 드러나게 된다.

원리原理 [명사] 1. 사물의 근본이 되는 이치. 2. 행위의 규범

원칙原則 [명사] 어떤 행동이나 이론 따위에서 일관되게 지켜야
하는 기본적인 규칙이나 법칙

작금(현재)의 시대에 가장 중요한 것은 도덕을 모르고 잘못의
기준을 모른다는 것이다.

닭 잡아먹고도 오리발 내미는 시대

소를 훔치고 바늘 훔쳤다고 거짓말하는 시대

돌아서서 들통이 금방 나는 데도 거짓말하는 시대

효도는 물 건너가고 폐륜적 범죄가 늘어나는 시대

정신적 해이로 도덕이 사라지는 시대

불륜 천국 시대로 가정이 무너지고 자식들이 혼돈에 있는 시대

법이 판치는 시대, 법 좋아하는 사람이 판치는 시대

물질만능으로 흉악 범죄(살인, 폭행) 및 사기, 절도가 판치는 시대

자기 중심적인 고집, 아집 등 이기주의가 판치는 시대 (소인배들
이 가득 찬 시대)

조금이라도 손해 보면 억울해서 참지 못하는 시대

참과 거짓의 구분이 없으며 유언비언가 난무하는 시대

기계적 감시(CCTV, 블랙박스)가 없으면 질서가 무너지는 시대

갈수록 대립과 갈등이 심해지는 시대

...

나는 아니라고 할 수 있지만 자신의 입장이 정반대의 입장에
선다면 누가 장담하겠는가?

이보다 잘못이라는 개념 자체도 모르고 사는 시대라는 것이 현시대가 혼돈의 시대이며 세상이 심각하게 잘못 돌아가고 있다는 것을 보여준다. 이런 사회는 갈수록 사람답게 살기 어려운 세상을 맞이하게 되는데, 미래를 안 봐도 자명한 사실이다. 이 또한 모두 공空이라고 할 수 있다.

천지天地는 모두 엇박자로 존재하지만 항상 공空을 이룬다.

태초부터 살아온 선대의 시대에도 공이요, 이후 과정을 겪고 살아온 조상님들의 시대도 공이며, 현재를 살아가고 있는 지금의 우리들도 모두 공이며 앞으로 살아갈 후손들도 모두 공이다. 석가모니불께서 공을 설하시기 전도 공이며, 인류가 멸망한다고 해도 공이다. 이는 다르게 표현하면 우리가 살아가는 삶이 계속 돌아 공을 이루고 생성과 소멸하기를 무한 반복하는 것을 말한다. 또한 이 돌아가는 공의 이치를 모르면 그 안에 존재하는 나도 살아가는 동안 계속 돌고 있기 때문에 결국은 괴로운 고를 맞고 살아갈 수밖에 없는 것이다. 이 공의 이치도 모르고 나와 내 주변만 위주로 잘살려고 행동하는 것이 지금의 안타까운 세태世態라 할 수 있다.

또한 아무리 머리가 좋고 공부를 많이 하여 지식을 많이 쌓았다 하여도, 또한 수행을 많이 하여 나름의 도道를 얻었다 하여도, 만약 공의 법(이치)을 모르고 잘못을 하였다면 돌아가는 공의 세상에서 벗어날 수 없을 것이며, 벗어나지 못함은 결국 괴로운 고를 맞이할 수밖에 없다는 뜻이다.

많은 사람들은 항상 행복만 추구하며 즐거움만 찾으려고 노력하지만 현실은 때가 되면 원하지 않은 행복에서 벗어난 불행도 느끼며 살아야 한다. 또한 정도를 넘는 락樂을 추구하면 자신을 몰락시킬 수 있음을 알아야 하지만 그 이치(공의 이치)를 모르는 것이 현실이다.

유교에서 수신을 왜 중요하게 강조하는가? 이는 공空의 존재와 공의 법칙 때문이다.

공의 존재

'공의 세계'는 세 개의 공으로 하나의 공을 이루고 있다. 이는 엇박자 속에 엇박자가 있고 그 속에 또 엇박자가 있다는 뜻이다.

공空의 세계世界＝유有의 세계(보이는 세계)＋무無의 세계(보이지 않는 세계)

유의 세계는 사람이 살아가는 보이는 세계를 말한다. 눈으로 보고 생각으로 느낄 수 있는 세상이다. 무의 세계는 사람이 살아가는 보이지 않는 세계를 말한다. 눈으로 보이지 않고 생각으로 느낄 수 없는 세상이다.

공의 도형을 살펴보면 다음과 같다.

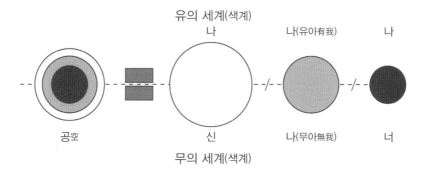

공의 세계 = 엇박자 속에 엇박자가 있고 그 속에 또 엇박자가 있다.

공 = '무의 세계'의 믿음(종교) / 자신의 수신 / 유의 조화(화합)

불공 = 공양덕 / 공음덕(득도) / 공양덕

공 = 평천하를 이룬다 / 수신하면 /제가 치국을 이룬다

공 = 신神과 조화 / 나(유아＋무아) 조화 / 너와 조화를 이룸

결국 나는 세 개의 '공의 세계'와 공을 이루어야 함을 의미한다.

어떤 사람이 세 개의 엇박자를 조화롭게 하여 하나의 공을 이룬다면 이 사람은 대승(큰 업적)을 얻을 것이다. 결국 신神에게 기원이나 기도도 중요하지만 자신의 주위도 살펴 피해를 주는 일이 없도록 신경을 써야만 소원을 성취할 수 있을 것이다.

그럼 내가 누구에게 덕을 쌓아야 하는가?

나의 무아에게 이익이 되게 쌓는 것을 공음덕이라 하고 이를 수행, 고행하는 것을 말한다.

신과 너에게 쌓는 것을 공양덕이라 하고 나의 재물(물질적, 정신적, 육체적)을 즐겁게 바치는 것이다.

앞서 설명한 도덕경이 너에게 덕을 쌓는 길을 가르치는 책이라 했는데 그럼 누구에게 덕을 쌓아야 하는 것인가?

그것은 상기 도형에서 확인하듯이 하나는 신神에게 덕을 쌓아야 하고, 하나는 나의 무아에게 덕을 쌓아야 하고, 하나는 너에게 덕을 쌓아야 한다.

무의 세계의 신神과 유의 세계의 너(you)에게 쌓는 덕은 공양덕이라 할 수 있고, 자신의 무아에게 덕을 쌓는 것은 공음덕이라 할 수 있으며, 이 공음덕은 수신, 수행 등으로 득도得道하는 것을 말한다.

상기 세 개의 공을 개별적으로 풀이하면 다음과 같다.

첫 번째 엇박자는 '공의 세계' 안에 순환하고 있는 나는 처음 엇박자의 유의 세계에 태어나 살아가지만, 엇박자인 '무의 세계'를 믿고 조화를 이루어 원만하게 살아가야 한다. 이는 종교적 믿음을 말할 수도 있으나 더욱 중요한 것은 '무의 세계'를 자신이 의식하고 느끼는 것이다.

첫 번째 '공空'은 '무여열반無餘涅槃', 즉 해탈解脫에 이르게 하는 단계로 앞의 두 단계의 '공'을 완전히 벗어나야 갈 수 있는 경지라 할 수 있다.

첫 번째 단계에서 공의 조화를 이루면 공음덕을 얻는다. 보이지 않는 무의 세계와 나와 공을 이루는 단계를 말한다. 여기서 공을 이루지 못하면 만사가 잘 굴러가다가 '턱' 하고 한 번씩 걸리는 일이 발생한다. 이 걸림은 괴로움을 말한다. 또한 이 걸림은 주기적으로 한 번씩 일어난다.

두 번째 엇박자는 나는 내 위주로 살아가다 보니 자신을 때로는 주체하지 못하고 돌발적인 행동으로 고뭄의 불행에 빠지게 된다. 두 번째 엇박자는 자신의 수행(수신)을 말한다.

두 번째 '공'은 자신의 뜻대로 안되는 세상살이를 하다 보면 먼저 자신이 달라져야 한다는 것을 느끼게 되고, 이것이 두 번째 '공'을 알기 위해 나름의 수신(수행)을 시작하는 것이다. 두 번째 '공'은 자신의 수신(수행)으로 원만히 살아가는 방법(길[道])이 보이는 경지를 말한다. 자신의 과오를 반성하고, 결점들을 보완하여 장점으로 바뀌도록 하는 것을 말한다. 이는 의식과 무의식 세계까지 바꾸는 것이다.

두 번째 단계에서 공의 조화를 이루는 길은 공음덕과 공양덕을 함께 얻는 것이며 정도(중도)의 길을 행하는 것이다. 나와 보이지 않는 자신 안의 나와 조화를 이루는 단계를 말한다. 여기서 조화를 이루지 못하면 자신을 억제하지 못한 이유로 인하여 자신에게 괴로운 일이나 곤욕스럽게 하는 일들이 한 번씩 일어난다.

이런 연유로 수신修身이 가장 중요한 것이다. 공자님도 무의 세계인 신과 유의 세계의 너와의 사이에서 많은 고생을 하면서 수신의 중요함을 강조하신 것이라 할 수 있다.

세 번째 엇박자는 내가 나 위주로 살아가면 너가 없으므로 원만한 공을 이루지 못하니 너와 조화를 이루어 하나의 원만한 공을 이루어야 함을 말한다. 이는 앞의 엇박자에서 '무의 세계(종교)'를 믿어 조화를 이루고 수신을 하여도 세 번째 엇박자인 너와 조화를 이루지 못하면 내가 괴로움(苦)에 빠지는 이유가 된다. 인간은 혼자서는 살 수 없기 때문에 항상 너와 함께 공존해야 한다.

세 번째 단계에서 공의 조화를 이루면 공양덕을 얻는다. 나와 내 마음대로 되지 않는 너와의 조화를 이루는 단계를 말한다. 여기서 너와 조화를 이루지 못하면 너로 인하여 내가 정신적, 육체적, 금전적 괴로운 일을 겪을 수 있다.

고苦를 일으키는 세 개의 '공'은 오묘하고 미묘하게 돌아가지만 나름대로 이해하고 적절히 실천(행동)한다면 누구나 지혜롭게 살아갈 수 있고, 또한 그 사람은 현자(성인)가 될 수 있다. 반대로 세 개의 공을 깨닫지 못하면 때가 되면 괴로운 상황이 언제 일어날지 모른다. 깨닫지 못하면 공은 항상 엇박자로 돌아간다.

깨달음을 얻으면 엇박자의 공은 함께 돌아가 공을 이루고 소멸한다. 깨달음을 얻지 못하면 엇박자의 공은 따로 돌아가 공을 이루고 소멸한다.

이런 연유로 '고苦'의 원인이 '집集'인 '공空'을 알아야 한다. 고苦의 원인인 집集을 깨달으면, 즉 공의 법을 깨달으면 모든 인연의 법칙, 연기의 법칙, 모든 고는 나로 인하여 만들어지는 것을 알게 되고, 또한 동서고금을 넘어 모든 이치가 이 안에 있음을 알게 된다.

"내가 나를 볼 줄 안다면 또한 내가 너를 볼 줄 알 것이다."

"사람의 소리는 듣지 않으려 하고 어찌 보이지 않는 신神의 소리만 들으려 하는 것인가? 모두가 하나의 공인 것을…."

참고로, 절에 가면 법당 외부 측면에 보면 다음과 같은 도형을 많이 볼 수 있다. 불교에서는 하기 도형의 심벌을 **불佛**, **법法**, **승僧**의 삼보三寶를 말한다.

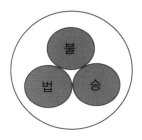

상기에서 설명한 "엇박자 속 엇박자가 있고 그 속에 또 엇박자가 있다"의 깊은 뜻이 이 도형을 대신하며, 세 개의 공空이 하나의 공空임을 알아야 하지 않겠는가? 세 개의 공이 하나인 것을 깨닫고 행行하면 그것이 바로 군자이며 불교에서는 성불成佛을 이루게 될 것이며, 또한 성인이나 부처가 되는 길이 아니겠는가?

상기의 세 개의 공을 예를 들어 살펴보면

하나는 성찰의 공, 하나는 "너 자신을 알라"의 공, 하나는 "문을 두드려라 그러면 열릴 것이다"의 공이다.

성찰의 공

성찰은 살필 성省과 살필 찰察로써 무엇을 살피고 살펴야 하는 가? 어떤 사람이 자신의 부도덕으로 인한 사회적 물의를 일으켜 사람들로부터 지탄指彈(잘못을 지적하여 비난함)을 받거나 선거나 대중의 심판을 받아야 하는 사람이 그 결과에 낙선이나 실패를 했을 때 자신의 부덕을 깨닫고 성찰의 시간을 갖겠다고 하는 것도 무엇을 위한 성찰의 시간을 갖는다고 하는 것인가? 또한 성찰에서 연속으로 살필 성과 살필 찰을 쓰는 이유가 무엇인가?

손자병법의 "지피지기 백전백승知彼知己 百戰百勝"은 상대를 알고 나를 알면 백 번 싸워도 백 번 이긴다는 뜻이다. 여기서 상대는 모두 공의 이치로 보면 '너'가 된다. 결국 내가 너를 살피고 깨닫지 못하면 결국 내가 어떤 일이든 실패와 시련, 좌절을 겪을 수밖에 없다. 결국 성찰省察은 내가 너를 살피고 깨닫는 것으로 '공의 이치'에서 보면 상기의 세 개의 공의 도형에서 내가 너를 자세히 살피는 것을 말한다.

하나는 '무의 세계'이며, 또 하나는 '자신의 무아'이며, 또 하나는 '너'가 되며, 이 세 개의 공의 엇박자인 내가 세 개의 공인 너와 조화를 이루도록 세세히 살피는 것을 성찰이라 할 수 있다.

성찰은 조용한 곳에서 반성이나 참회를 기반으로 한 자신의 수행으로 자신을 비우는 과정이며, 이 성찰의 과정으로 '무의 세계'로부터 정신적으로 교감을 받을 수 있다. 그 정신적 교감이 자신이 나아갈 길을 열어주는 것이다.

이는 자신의 '무아'와의 조화와 '무의 세계'와의 조화를 이루는 과정이며 이 성찰의 수행 과정을 거쳐 정신으로 들어온 자신이 나아가야 할 길의 생각들이 마음으로 정해지면 다시 세상으로 나와 현실에서 너(다른 사람들)와 함께 다시 시작하는 것을 말한다. 이 성찰을 하는 경중에 따라 지피지기 백전백승을 이룰 수 있다.

'성찰省察'을 공의 도형으로 살펴보면

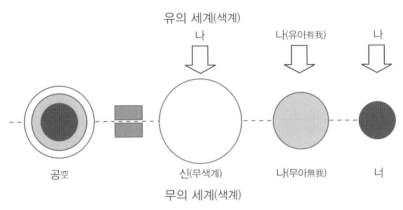

: 내(나)가 너를 살핀다는 뜻

성찰의 공의 도형

이런 연유로 성찰은 '나(내)'가 '너'를 세밀하게 관찰하여 살펴야 함을 말한다. 또한 세 개의 공은 하나로 오묘하고 미묘하게 나와 함께 돌아감을 알아야 하고 살펴야 한다.

"너 자신을 알라"의 공

"너 자신을 알라"는 성찰과 반대로 '너'가 '나'에게 주는 경고의 메시지가 되며, 그 말 뜻을 이해한다면 자신이 먼저 성찰의 시간을 가지게 되며 그 결과 어떤 일이든 지피지기 백전백승知彼知己 百戰百勝을 이룰 수 있을 것이다.

　　참고로, "너 자신을 알라"는 고대 그리스 델포이의 아폴론 신전神殿 현관 기둥에 새겨져 있다는 유명한 말로 4성인 중 한 분인 소크라테스가 한 말로 유명하다.

　　"너 자신을 알라"의 공의 도형을 살펴보면

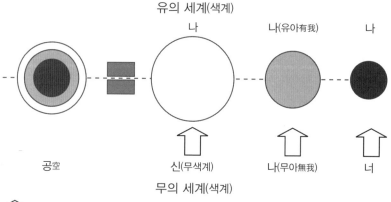

너 자신을 알라의 공의 도형

　　이와 같이 '성찰'과 "너 자신을 알라"는 보는 입장이 반대라 할 수 있다. 하나는 '내가 너를 보는 것'이고, 다른 하나는 '너가 나를 보는 것'이다.

"너나 잘해라"라는 말도 결국 너가 나에게 하는 것이다.

"문을 두드려라! 그러면 열릴 것이다"의 공

"문을 두드려라!"는 내가 너에게 문을 열어주기를 바라는 것이다. 내가 문을 두드리는 것은 내가 노력으로 몸을 움직여 행하는 행동이며, 이 행동의 결과로 너가 그것을 듣고 문을 열어주는 것이다. 만약 문을 두드리는 노력을 하지 않으면 밖에 있는지 없는지 모르기 때문에 문을 절대로 열어줄 수가 없다. 노력이라는 것은 기도 수행, 기원 수행 등이나 성공을 위해 끝없이 도전하는 노력 등을 말한다.

문이 열리는 것은 내가 찾고자 하거나 구하고자 하는 모든 소원을 이루는 것을 말하며, 그 문은 모든 소원을 막는 장벽과 같은 것이다.

그럼 여기서 너는 누구인가?(나와 상반된 세개의 너)

하나는 무의 세계(우리가 말하는 신神)이며,

또 하나는 내 자신 안의 나인 무아無我이며,

또 하나는 유의 세계의 '너'가 된다.

모든 너는 하나이며 오묘하고 미묘하게 나와 인연을 맺는다.

모든 너가 하나인 것을 깨닫고 문을 두드린다면 '금상첨화錦上添花'가 아니겠는가?

그러나 실제로는 많은 사람들이 '무의 세계의 신神'(자신이 믿는 종교의 신)에게만 문을 두드리고 있다. 이런 믿음은 자신부터 살려고 하는 경우가 많아 자기 중심적으로, 또한 개인 이기주의, 더 나아가 집단 이기주의로 이어지며 너와 조화를 이루지 못하고 사회 부조화를 이루어 더불어 밝은 세상을 이루기 어렵기 때문에 그 해가 자신에게, 그 집단에게, 그 사회에게 되돌아올 수 있다.

공의 도형으로 살펴보면 성찰의 공의 도형과 같다고 보면 된다.

하나의 공으로 살펴보면

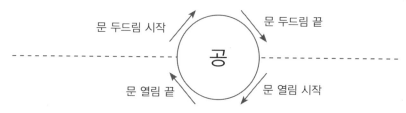

문을 두드림 – 간절한 수행(기도, 기원, 끝없는 노력)을 행함

문 두드림 시작   문 두드림 끝

공

문 열림 끝   문 열림 시작

문이 열림 – 너로 부터 은혜를 받음(소원성취, 기원성취, 성공)

"문을 두드려라! 그러면 열릴 것이다"의 공의 도형

시끄러움 안에서 고요함을 찾고 더러움 안에서 깨끗함을 찾으며 생활 속에서도 깨달음을 찾는다. 깨달음은 항상 내 곁에서 함께 존재한다.

부모님이 자식들에게 "이것 하지 마라, 저것 하지 마라"라는 말을 많이 한다. 왜 그렇게 하는 것인가?

그것은 부모님이 먼저 살아오면서 이것을 해보았지만 손해나 피해를 입어 괴로운 고를 느꼈기 때문이다. '저것 하지 마라'도 같은 것이다. 자식을 사랑하기 때문이다. 이와 같이 현실에서 살아가는 길에서 깨달음을 얻는 것은 부도덕을 체험하여 괴로운 고를 당해 봤기에 도덕을 알게 된 것이다. 소유욕을 알기에 무소유를 알게 되고, 성질을 알기에 무심을 알게 되고, 어리석기(무지)에 배움을 알게 되는 것이다.

이 글의 도덕경도 도덕을 알아야 살아가는 길이 순탄하고 행복하다는 것을 알려주는 것이다.

사람은 태어날 때부터 삼독(욕심, 성냄, 어리석음)을 품고 살아야 하고, 공의 세계의 법칙은 엇박자로 돌게 만들어져 있으니 공 안에 존재하는 인간은 어떻게 살아가고 살아남아야 하는가?

사람이 살아가는 세계를 색계色界라 한다. 유의 세계라 할 수도 있고 눈에 보이는 세계라 해도 된다. 불교의 반야심경의 색즉시공의 색과 섹에 대하여 한글로 풀어서 살펴보면 사람들의 세상살이와 다를 것이 없다.

색은 세상 모든 눈에 보이는 물체나 물체의 움직임을 말하며 그 물체의 보이는 색상을 말하고, 그것을 눈으로 보고 생각으로 느끼는 것을 말하며, 야한 것이나 애로틱한 것과는 다르다고 할 수 없으나 크게 보면 다르다.

한글로 뜻을 풀어보면

색은 사람(ㅅ)이 둘이서 밖에서 함께하는 것(ㅐ)을 말하며 이 또한 때가 되면 함께하는 것이 꺾인다(ㄱ)의 뜻으로 사람의 일생을 말한다고 할 수 있다.

여기서 둘은, 하나는 나(자신)이며 하나는 너(나를 제외한 70억 명 인구)를 말한다.

사람을 만나 세상살이 하다 보면 한때는 좋은 관계에서 안 좋은 관계로 바뀌는 경우가 많이 있으며, 좋으나 싫으나 때가 되면 이별을 할 수밖에 없는 현실을 겪게 되는 것을 말한다. 친구 관계, 사업 관계, 동업 관계, 대인 관계, 선후배 관계….

섹은 사람(ㅅ) 둘이서 안에서 함께하는 것(ㅔ)을 말하며 이 또한 때가 되면 함께하는 것이 꺾인다(ㄱ)의 뜻으로 남男과 여女의 일생을 말한다고 할 수 있다.

여기서 둘은, 하나는 나(자신)이며 하나는 이성인 너를 말한다. 사람(남녀)을 만나 세상살이 하다 보면 한때는 좋은 관계에서 안 좋은 관계로 바뀌는 경우가 많이 있으며, 좋으나 싫으나 때가 되면 이별을 할 수밖에 없는 현실을 겪게 되는 것을 말한다. 연인 관계, 부부 관계, 애인 관계, 이성 관계….

"왕후장상의 씨가 따로 있겠는가?"라는 옛말이 있다. 지금의 시대와 앞으로의 시대는 동서양을 떠나 덕을 많이 쌓는 사람이 왕후장상이 되어야 한다.

대한민국大韓民國이 상립上立되는 길[道]은 지구촌의 모든 국가들에게 분별하여 방편으로 덕을 쌓아야 가능하다.

이 글을 읽고 이해한다면 그대는 세상살이 참 지식인이요, 현자요, 철학자가 될 수 있을 것이다. 또한 행동으로 실천한다면 성인군자가 될 수 있고, 천심(천성)을 이룬다면 '살아있는 부처(活佛)'가 될 수 있다.

지나간 과거에 너무 연연하지 마시고, 언어와 문자의 함정에 빠지지 마시고, 물이 흐르듯 그 뜻에 유념하여 읽어주시기 바랍니다.

道可道, 非常道
도 가 도 비 상 도

道可道, 非常道. 名可名, 非常名.
도 가 도 비 상 도 명 가 명 비 상 명

無名, 天地之始. 有名, 萬物之母.
무 명 천 지 지 시 유 명 만 물 지 모

故常無 欲以觀其妙. 常有 欲以觀其徼.
고 상 무 욕 이 관 기 묘 상 유 욕 이 관 기 요

此兩者, 同出而異名, 同謂之玄, 玄之又玄, 衆妙之門.
차 량 자 동 출 이 이 명 동 위 지 현 현 지 우 현 중 묘 지 문

도라고 하는 도는 항상 도가 아니다. 명이라 하는 것은 항상 명이
아니다. 무명은 천지의 시작이고, 유명은 천지의 어머니다. 그러므
로 항상 무는 오묘하게 욕심을 만들고, 항상 유는 미묘하게 욕심
을 만든다.
무와 유는 이름만 다르지 같은 곳에서 나온 것이며 모두 심오하다.
심오하고 또 심오하다. 만물을 오묘하고 미묘하게 만드는 문이다.

해설 ▷▷ 첫 장에서는 먼저 공空을 도道라고 표현하고 돌아가는
공의 순리를 설명하고 있다.

도가도道可道, 비상도非常道
도道라고 하는 도道는 항상 도道가 아니다.

공의 도형을 살펴보면

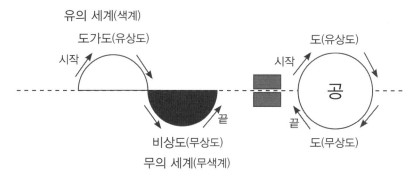

유의 세계(색계)
도가도(유상도)
시작
도(유상도)
시작
비상도(무상도)
무의 세계(무색계)
끝
공
끝
도(무상도)

순행 중 상대성(선)의 공의 도형

도가도는 상기 도형에서 사람의 눈으로 보이는 세계를 말하며, 유의 세계라 하고 이 세계를 색계色界라고도 한다. 사람은 자신의 오온五蘊(참고1)으로 색계의 만물을 보고 느끼는 것이다. 이 유의 세계를 살아가는 길을 도가도로 표현한 것이다.

도가도비상도道可道非常道 = 유가도무가도有可道無可道

도라는 도는 항상 도가 아니다. = 도라는 것은 있는 것 같기도 하고 없는 것 같기도 하다.

예를 든다면 도가도는 자신의 뜻대로 세상살이가 잘된다고 믿고 가는 길[道]이거나 잘되는 길[道]이라 할 수 있다. 그러다 시간이 지나면 자신의 뜻대로 안되거나 안되는 길로 가고 있는 길을 비상도라 할 수 있다. 이렇게 하나의 공을 이루게 되며 소멸한다. 그런 다음 공을 다시 시작하는 것이다. 즉 도가도는 비상도로 비상도는 도가도로 계속 연의 고리가 되어 맞물려 돌아간다.

"정도껏 해라."는 말이 있다. 정도(중도)까지는 유상도로 문제가 되지 않지만 그 정도(중도)를 넘으면 무상도로 어떤 결과가 나타날지 모르기 때문이다.

명가명名可名, 비상명非常名
명名이라 하는 명名은 항상 명名이 아니다.

공의 도형을 살펴보면

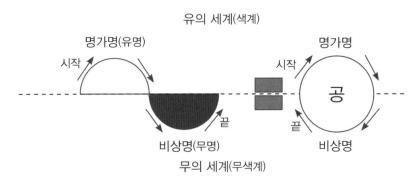

명가명비상명의 공의 도형

명가명은 상기 도형에서 사람의 입으로 만물을 정의하는 명사로 만물의 이름을 말한다. 즉 존재하기 때문에 명名이 있다. 사람이름, 동물 이름, 물질 이름 등을 말한다. 비상명은 만물의 모든 이름들은 시간이 지나면 그 이름들이 기억 속에서 사라지는 것을 말한다. 즉 존재하지 않으면 명名이 없어진다. 예를 들어 모든 문서도 보관 기간이 지나면 파괴되고, 사람이 죽으면 그 이름도 없어지는 것과 같다.

무명천지지시無名天地之始, 유명만물지모有名萬物之母

무명에서 천지(유명)가 시작되고, 유명은 만물의 포용하는 어머니다.

무명천지지시의 공을 살펴보면

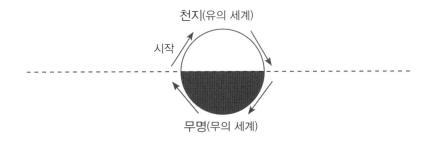

천지(유의 세계)

시작

무명(무의 세계)

무명천지지시의 공의 도형

상기 도형에서 무명에서 천지가 시작된다. 다만 노자 이전의 시대에도 공의 세계는 계속 돌고 있었기 때문에 인간의 무의 세계를 구분짓기 어렵다. 그러나 문명이나 신기술이 새롭게 만들어지는 것은 모두 무명에서 시작되는 것을 알 수 있다.

예를 들어 아기가 태어나기 전을 무명이라 한다면 그 아이가 엄마 뱃속에서 10개월을 지낸 후 태어난다면 그 아이에게는 천지지시가 된다. 이와 같이 어찌 천지지시가 인간에게만 국한되겠는가?

무와 유는 무엇이 우선인지 알 수 없다. "닭이 먼저냐, 달걀이 먼저냐" 하는 질문과 같이 알 수 없고, 같이 맞물려 돌아가는 공의 세계라 할 수 있다.

현실에서 무명의 시작

세상에는 유명有名한 사람들이 많이 있다. 연예인으로, 스포츠 선수로 유명한 사람이 많이 있고, 정치, 문화, 예술, 경제 등 각양각색의 분야에서 유명한 사람들이 많이 있다. 유명한 사람들을 유명하지 않은 사람들(무명)의 모델이 될 수 있다. 나도 저 유명한 사람처럼 될 것이라고 꿈을 키우는 사람들도 많이 있다. 유명해지면 부와 명예, 부러움과 인기 등을 모두 갖게 되기 때문일 것이다.

하지만 처음부터 유명해지는 사람은 별로 없다. 유명하기 이전에는 무명無名 시절을 겪어야 하는 것이다. 다만 타고난 분수 때문에 시기 차이가 있을 뿐 결국은 무명 시절을 보낼 수밖에 없다.

무명 시절은 배고프고 힘든 시절을 의미하고 앞날을 알 수 없는 시절을 말한다. 무명 시절 배고프고 힘들 때 노력과 정성으로 인내의 시간을 보낸 것이 원인[因]이 되어 유명해지는 결과[緣]를 맞는 것이다. 결국 무명 시절 시작한 자신의 분야가 그 공功에 따라 자신의 세상을 만들어간다. 즉 자신의 공을 만드는 것이다.

무명천지지시라 무명 시절이 내가 유명해질 수 있는 시작이라 할 수 있다.

유명은 만물지모(노자 상편 1장)라 유명만물지모의 공을 살펴보면

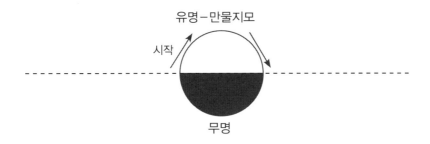

유명만물지모의 공의 도형

상기 도형에서 눈에 보이는 유의 세계를 유명이라 표현한 것이며 그 안에 생기는 모든 것의 만물은 유의 세계 안에서 존재한다.

고상무 욕이관기묘 상유 욕이관기요
故 常 無 欲 以 觀 基 妙 常 有 欲 以 觀 基 徼

항상 무는 오묘하게 욕심을 만들고, 항상 유는 미묘하게 욕심을 만든다.

이는 공의 세계의 오묘하고 미묘함을 뜻하는 것이다. 그러나 무의 세계와 유의 세계의 경계를 인간들이 알기는 어렵다.

불교의 세계관에서 중생이 생사유전한다는 3단계의 미망의 세계는 욕계, 색계, 무색계의 세 가지이다. 즉 공의 세계를 표현한

것이다.

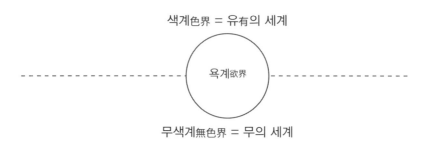

삼계의 공의 도형

공의 세계는 오묘하고 미묘하게 돌아오기 때문에 100년도 못 사는 인간이 깨닫기는 어렵다. 하지만 항상 유심히 관찰하여 살펴보면 엇박자로 돌고 도는 오묘하고 미묘한 공의 세상을 느낄 수 있음을 말한다. 다만 욕欲이 들어가는 것은 공의 세계 자체가 욕계이기 때문이다.

색(유)은 드러내는 것이 맛이고, 무는 깨닫는 게 맛이다. 이 두 맛을 알아야 세상의 참맛을 알게 된다.
무는 색보다 가볍지만 그 역할은 가히 비교할 수 없다.

상相(색)으로 변하는 것들 ─ 너의 가진 물질이나 재능을 말한다. 색(유)계는 모두 드러내는 것을 좋아한다.
나의 나이의 상을 알게 되면 나를 바라보는 너의 상이 달라진다.
나의 물질(재산＝돈)의 상을 알게 되면 나를 바라보는 너의 상이 달라진다.

나의 외모의 상을 알게 되면 나를 바라보는 너의 상이 달라진다.

나의 학벌의 상을 알게 되면 나를 바라보는 너의 상이 달라진다.

나의 인맥의 상을 알게 되면 나를 바라보는 너의 상이 달라진다.

이렇게 나의 상을 알게 되면 나를 바라보는 너의 상이 달라진다.

그러다 나의 참가치의 상을 알게 되면 나를 바라보는 너의 상이 다시 한 번 달라진다.

많은 사람들은 그 사람의 보이지 않는 내면을 보지 못하고 눈에 보이는 상(相 – 겉모습)만 보고 결정을 내리는 경우가 많이 있다. 이런 연유로 자신이 괴로운 상태를 만드는 경우가 자주 있다. 많은 견문과 체험으로 상대를 유심히 지켜보면 약간은 그 사람의 상이 보일 것이다.

사람은 상相을 보면 마음이 흔들리게 된다. 유의 세상에 태어난 사람은 누구나 외모를 먼저 보게 되는데, 이는 '외모 지상주의'와 '물질 만능주의'와 같은 맥락이며, 이런 과정을 거쳐 깨닫게 된다.

현실에서 너의 상을 보고 너무 급하게, 또는 욕심으로 행동을 먼저 하게 되면 너로 인하여 낭패를 볼 수 있으니 한 수를 늦게 취하면 무탈할 수 있다.

차량자, 동출이이명, 동위지현, 현지우현, 중묘지문
此兩者 同出而異名 同謂之玄 玄之又玄 衆妙之門

무와 유는 이름은 다르지만 동일한 것이며 오묘한 것도 같으며, 오묘하고 미묘하며 만물의 생성하는 오묘한 문이라 할 수 있다.

이 내용은 공의 세계를 말하며 공의 도형으로 살펴보면

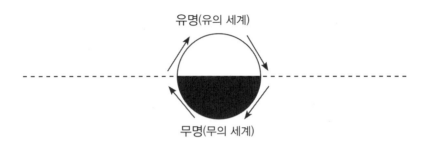

공의 공의 도형

참고1. **오온五蘊**

가장 중요한 내가 살아있고, 느끼고, 판단하는 것, 또한 이 글을 읽고 있는 것도 나에게 오온이 있기 때문이다.

오온 – 내가 보는 모습(아상我相)과 내가 보고 느끼는 모습(아견我見)들을 다섯 가지로 말한다. 색온, 수온, 상온, 행온, 식온으로 표현한다.

색온色蘊: 전체적으로는 눈으로 보고 몸으로 느끼는 것을 말한다.

색온色蘊 – 눈[眼]은 색色으로 보는 것을 말하며

– 귀[耳]는 성聲으로 소리를 들으며

– 코[鼻]는 향香으로 냄새를 맡으며,

– 혀[舌]는 미味로 맛을 느끼며

– 몸[身]은 촉觸으로 피부에 닿는 느낌

－뜻[意]은 법法으로 눈, 귀, 코, 혀, 몸으로 느끼는 것을 결정하는 것을 말한다.

수온受蘊: 느낌으로 다른 물질 존재가 있지 않을까 하는 정신 작용을 일으키는 것을 말한다.

상온想蘊: 수온으로 받은 것을 상상으로 마음에 일으키는 것을 말한다.

행온行蘊: 상온으로 받은 것을 행동(몸으로 움직임) 여부로 생각하는 것을 말한다.

식온識蘊: 색온, 수온, 상온, 행온으로 얻어진 정보를 최종적으로 정신과 마음이 결정하는 의식을 말한다.

유의 세계(의식)

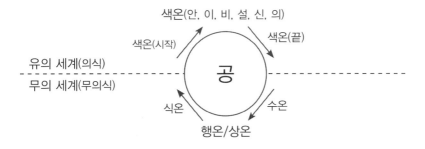

색온(안, 이, 비, 설, 신, 의)

색온(시작)   색온(끝)

유의 세계(의식)
무의 세계(무의식)

공

식온   수온

행온/상온

오온의 공의 도형

상기 도형에서 색온, 즉 직접 눈에 보이는 것을 보고(눈) 감각(귀, 코, 혀, 몸)으로 느끼는 것을 의식으로 시작하여 수온, 상온, 행온을 거쳐 식온에 도달하면 하나의 공을 이루고 오온으로서는 끝을 맺으며, 행동을 하느냐 마느냐의 경계에 있게 된다. 만약 이 경계를 넘어 행동을 한다면 그 결과는 양분화(성공이냐 실패냐)되며, 결국 색을 시작으로 오온을 거쳐 몸으로 행동을 하는 과정을 거쳐 결과라는 하나의 공을 이루고 소멸한다.

의식 세계는 자신이 태어나 살아가면서 환경(문화, 교육, 경제)에 적응하여 만들어지는 것이며, 습관처럼 무의식 속에서 행하는 경우도 있지만, 대부분은 자신의 인생을 의식 세계가 지배하게 된다.

예를 들어 어떠한 음식에 대하여 음식을 눈으로 보고 맛을 보며, 냄새를 맡고, 손으로 촉감을 느끼는 것을 색온色蘊이라 하고, 이것은 직접 체험하는 것이며, 그 음식보다 더 좋은 음식이 있지 않을까 하는 느낌은 수온受蘊이라 한다. 더 좋은 음식에 대한 상상을 하는 것을 상온想蘊이라 하며, 그 음식을 만들어보기 위하여 행동을 할까 여부를 생각하는 것을 행온行蘊이라 한다. 전체적으로 판단을 최종적으로 내리는 정신과 마음의 결정은 식온識蘊이라 한다. 즉 무의식 세계에서, 무명에서 새로운 유명으로 일어나기 전에 꿈틀거리는 것을 말한다.

모든 새로운 기술들과 창조되는 물질은 이 과정을 거쳐 탄생하지만, 잘되면 대박이라 하고, 잘 안되면 쪽박을 찬다. 모든 아이디어도 이 과정을 통해 창조된다. 이런 연유로 행동을 하기 전에 오온에서 판단을 잘해야 하는 것이다.

자신의 의식 속에 오온의 단계와 타고난 성품과 자라온 환경 속에서 무의식적인 습관으로 오온을 결정하고 행동으로 이어진다. 이 오온은 누구나 갖고 태어나며, 타고난 능력 안에서 사람마다 차이가 있고, 또한 살아가면서 환경의 과정을 겪거나 지식을 습득하면서 차이가 난다.

많은 사람들이 자영업 창업을 시작하여 어떠한 결과를 얻는 것도 모두 자신의 오온으로부터 시작된 것이다.

의식과 무의식

오온에 의한 의식과 자신도 모르게 만들어진 무의식을 통하여 행동을 하고 그 결과에 따라 자신의 업이 달라진다. 의식은 자신의 의지로 다스릴 수 있지만, 무의식은 자신의 의지로는 다스릴 수 없는 경지라 할 수 있다.

의식과 무의식의 단계를 8단계로 설명할 수 있다.

의식 – 제1식: 안식 – 색을 눈으로 보아서 알게 되는 의식

　　　– 제2식: 이식 – 소리를 귀로 들어서 알게 되는 의식

　　　– 제3식: 비식 – 냄새를 코로 맡아서 알게 되는 의식

　　　– 제4식: 설식 – 혀로 맛을 보고 알게 되는 의식

　　　– 제5식: 신식 – 몸으로 접촉하여 알게 되는 의식

　　　– 제6식: 의식 – 1~5식의 종합적 판단을 하는 의식

무의식 – 제7식: 말나식末那識 – 잠재의식(능력)

　　　– 제8식 아뢰야식阿賴耶識 – 자신도 모르는 무아

무의식 중 아뢰야식(무아無我)은 공의 세계의 무의 세계와 연결 역할을 하는 의식을 말한다.

인간의 뇌는 수시로 무의 세계로부터 정신적 교감을 받는데 이

역할을 하는 것이 아뢰야식이라 할 수 있다. 이 정신적 교감에서 자신의 마음이 중심을 잡아야 허虛와 실實을 분별할 수 있고 허虛하면 자신은 손해를 보고, 실實하면 자신이 덕을 보게 된다.

예를 들어 음주 운전을 하는 것은 처음은 의식을 가지고 하다가 무탈하면 자신감이 생겨 습관적 환경을 만들고, 이후 만취하여 자신이 다스릴 수 없는 무의식 상태에서도 그동안 몸에 습관적으로 배어 있던 의식 때문에 음주 운전이라는 무의식 행동, 즉 범죄를 짓게 되어 결국 자신도 피해자가 되는 것이다.

의식과 무의식에 의하여 만들어지는 업을 공의 도형으로 살펴보면

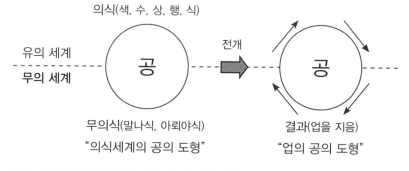

의식으로 업을 만드는 진행과정의 공의 도형

상기 도형에서 자신의 행동은 자신의 의식과 무의식에 의하여 전개된 결과이며 그 결과에 따라 인과응보의 결과를 맞는다.

제2장

天下皆知美之爲美, 斯惡已
천 하 개 지 미 지 위 미   사 악 이

天下皆知美之爲美, 斯惡已. 皆知善之爲善, 斯不善已.
천하개지미지위미   사악이   개지선지위선   사불선이

故有無相生, 難易相成, 長短相形, 高下相傾, 音聲相和,
고유무상생   난이상성   장단상형   고하상경   음성상화

前後相隨. 是以聖人, 處無爲之事, 行不言之敎.
전후상수   시이성인   처무위지사   행불언지교

萬物作焉而不辭, 生而不有, 爲而不恃, 功成而不居.
만물작언이불사   생이불유   위이부시   공성이불거

夫唯不居 是以不去
부유불거 시이불거

천하의 사람들이 모두 아름다움을 알고 있고, 아름다움이 있기에
추함도 있다. 선함도 있기에 선하지 않는 것도 있다. 그러므로 유와
무는 서로 상생하고 어려움과 쉬움, 길고 짧음, 높고 낮음, 음과 소
리, 앞과 뒤가 서로 조화를 이루고 있는 것이다. 성인은 이 이치를
깨달음으로 만사를 말보다는 행동으로 가르침을 전한다.
도(공)는 만물을 만들고 키우지만 소유하지 않고 공功을 자랑하고
뽐내지도 않는다. 그러므로 공 은 차지하지도 않고 물리치지도

않는다.

해설 ▷▷ 이 장은 불생불멸의 공功의 원리를 말하고 있다.

불경에 다음과 같은 공의 원리와 순리가 있다.

"相應部經典" 12: 21: 19

이것 있음에 말미암아 저것이 있고   - 공의 원리

이것 생김에 말미암아 저것이 생긴다   - 공의 순리

이것 없음에 말미암아 저것이 없고   - 공의 원리

이것 멸함에 말미암아 저것이 멸한다   - 공의 순리

상기의 내용을 공의 도형으로 살펴보면

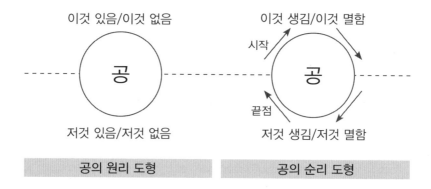

2장의 내용을 좀 더 깊이 알아보면 두 분류로 볼 수 있다.

하나는 공의 원리이며,

하나는 공의 순리의 순행이다.

이 두 가지를 엇박자의 상대성으로 살펴보면

공 안에 돌지 않는 엇박자(상대성)의 존재 – 공의 원리

(시간에 관계 없이 불변이다.)

유	천	양	동	남	상	선	안(실내)	높고	남자(여자)	대	장
무	지	음	서	북	하	악	밖(실외)	낮음	여자(남자)	소	단

아름다움	성공	음	앞	…
추함	실패	성	뒤	…

이와 같이 무수한 엇박자의 존재가 공존하며 하나의 공을 이룬
다.

공 안에 돌고 있는 엇박자(상대성)의 존재 – 공의 순리

(시간에 따라 변한다.)

모든 일이 자신의 뜻대로 되지 않는 것도 공 안에 유와 무가 맞
물려 돌아가는 공의 순리(시간에 따라 변함) 때문이다.

유소유	태어남	건강함	행복하다	사랑한다	정상이다
무소유	죽는다	병든다	불행하다	증오한다	비정상이다

잘나간다	잘살다	편안하다	좋다	살고싶다	최고다	강하다
못나간다	못산다	힘들다	안좋다	죽고싶다	최하다	약하다

생기다	많다	창조(유명)	믿음	선행	얻음(득)	…
소멸하다	적다	무명	불신	악행	잃음(실)	…

이와 같은 무수한 엇박자의 존재가 돌아가며 생기고(生) 소멸(滅)하고 다시 생기고(生) 색(色=有)과 공(空=無)으로 일으키니 중생들은 때로는 행복을, 때로는 괴로움을 맞는다. 우리가 살고 있는 우주도, 지구도 돌고 있지만 우리는 느끼지 못하듯 공 안에 엇박자로 돌아가는 것은 너무 광대하고, 오묘하고, 미묘하여 우리가 느끼지는 못한다. 순행을 하다 보면 때가 되면 엇박자로 입장이 바뀔 수도 있다.

위에서 상단에 있는 부분이 하단에 있는 부분과 뒤바뀌게 되는데, 이는 공의 순리로 인하여 시간이 지나면 바뀌며 이것은 오묘하고 미묘한 공의 이치 때문이다.

상기 입장을 바꿔 보면

무소유	죽는다	병든다	불행하다	증오한다	비정상이다
유소유	태어남	건강함	행복하다	사랑한다	정상이다

못나간다	못산다	힘들다	안좋다	죽고싶다	최하다	약하다
잘나간다	잘산다	편안하다	좋다	살고싶다	최고다	강하다

소멸하다	적다	무명	불신	악행	잃음(실)	…
생기다	많다	창조(유명)	믿음	선행	얻음(득)	…

이와 같이 상기와 하기를 바꿔 합쳐보면 공空을 이루는 것이다.

공의 도형을 살펴보면

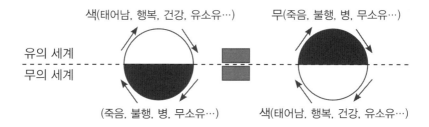

색(태어남, 행복, 건강, 유소유…)   무(죽음, 불행, 병, 무소유…)

유의 세계
무의 세계

(죽음, 불행, 병, 무소유…)   색(태어남, 행복, 건강, 유소유…)

엇박자로 돌고도는 공 도형

상기의 도형에서와 같이 뒤바뀌어도 시간이 지나면 하나의 공을 이루게 된다. 이런 식으로 공의 세상은 계속 돌아간다.

색즉시공 공즉시색으로 인류 존재 분포설을 설명하면 다음과 같다.

공 안의 엇박자(상대성)의 인류 존재 분포

판검사·변호사·경찰	의사	스승(선생)	부모	사장	부자	공무원
죄인·범법자	환자	제자(학생)	자식	직원	가난	민간인

작가	주인	…
구독자	종업원	…

상기 입장을 바꿔 보면

죄인·범법자		환자	제자(학생)	자식	직원	가난	민간인
판검사·변호사·경찰		의사	스승(선생)	부모	사장	부자	공무원

구독자	종업원	…
작가	주인	…

이와 같이 무수한 엇박자(상대성, 상대적)의 존재가 함께 분포하여 공존하며 때로는 입장이 바뀌어 돌아가고 있다. 이런 연고로 이 땅에 필요하지 않은 사람은 아무도 없으며, 그 생명 자체의 존귀함을 알아야 한다.

죄 짓는 사람이 멸(없으면)하면 경찰, 변호사, 검사, 판사도 없다(멸한다).

배우려는 사람이 생기면 가르치려는 스승이 생기고, 배우려는 사람이 멸(없으면)하면 가르치는 스승도 없다(멸한다).

환자가 멸(없으면)하면 의사와 간호사 및 병원도 없다(멸한다).

손님이 멸(없으면)하면 주인도 없다(멸한다).

국민이 멸(없으면)하면 공무원도 국가도 없다(멸한다).

이와 같이 공생공사空生空死함을 알고 내가 잘되는 것을 너에게 고마워해야 한다. 단, 중생이 공空의 순리인 죽고 사는 큰 고苦는 어쩔 수 없으나 나머지 작은 고苦는 깨달으면서 살면 고苦에서 벗어날 수 있다.

공의 원리, 순리의 순행을 독자성으로 깨닫는다면 그것은 역행을 행하는 것이라 할 수 있다.

사람이 살면서 행복하다가 시간이 지나면 흐름에 따라 불행이 오고, 그러다 다시 행복으로 돌아온다. 이런 식으로 모든 사람들 (중생)은 공의 원리와 순리로 살아가고 있는 것이다. 이는 '작은 윤회'라 볼 수 있다. 이를 색즉시공, 공즉시색이라 한다. 이것을 느끼는 존재는 모두 수, 상, 행, 식(느낌과 생각과 지어감과 의식)도 모두 이와 같다. 즉 엇박자로 변한다고 말할 수 있다.

중생이 태어나 보고 느끼는 것을 모두 색色이라 보고, 중생이 죽으면 모든 것이 없어지고 소멸하기 때문에 이를 무無라 한다.

깨닫지 못한 사람은 '색불이공 공불이색', '색즉시공 공즉시색'의 뜻도 모르는데, 이 뜻은 엇박자로 따로 돌아가 하나의 공을 이루는 것을 말한다. 깨달은 사람은 엇박자의 공이 함께 돌아 하나의 공을 이루는 것을 알고 있다.

노자는 이 돌아가는 공의 길을 도라고 하였다.

공空이 우리에게 주는 은혜 – 현덕

하나, 공의 에너지(태양)와 수분(비)을 받는다. 즉 기氣를 받는다.

둘,　태어날 때 축복을 받는다. (인간계에 태어난 자체를 고맙게 생각한다)

셋,　삼시세끼를 먹을 수 있는 자원(광물, 수산물, 산림…)을 받는다.

넷,　자연의 아름다움으로 행복을 받는다. 이는 색계色界의 아름다움을 말한다.

이와 같이 여러 가지를 받아 건강하고 행복하게 살아갈 수 있
도록 해주었지만, 그 공功을 뽐내거나 자랑, 과시하지도 않는다.

제3장

不尙賢, 使民不爭
불 상 현 사 민 부 쟁

不尙賢, 使民不爭. 不貴難得之貨, 使民不爲盜.
불 상 현 사 민 부 쟁 불 귀 난 득 지 화 사 민 불 위 도

不見可欲, 使民心不亂,
불 견 가 욕 사 민 심 불 란

是以聖人之治, 虛其心, 實其腹, 弱其志, 强其骨,
시 이 성 인 지 치 허 기 심 실 기 복 약 기 지 강 기 골

常使民無知無欲, 使夫智者不敢爲也,
상 사 민 무 지 무 욕 사 부 지 자 불 감 위 야

爲無爲, 則無不治.
위 무 위 즉 무 불 치

오히려 현자를 숭상하지 않으면 백성들로 하여금 다투지 않게 한
다. 귀한 보물을 귀하게 여기지 않으면 백성들은 도둑질을 하지 않
고, 욕심낼 만한 것을 보이지 않으면 백성들의 마음을 어지럽게 만
들지 않는다.

따라서 성인의 정치는 백성들의 공허하고 헛된 마음을 없게 하고,
생활을 실속 있게 만들어 정신과 마음을 편하게, 몸은 건강하게
만든다.

항상 백성들을 무지하지 않도록, 욕심을 갖지 않도록 한다면 지혜를 얻은 모든 백성은 함부로 헛된 짓을 하지 않는다. 위무위(무위법無爲法)로 다스린다면 다스려지지 않음이 없다.

해설 ▷▷ 이 장에서는 잘 돌아가게 하는 공의 순리와 성인의 덕치를 설명하고 있다.

불상현不尙賢, 사민부쟁使民不爭

오히려 현자를 숭상하지 않으면 백성들로 하여금 다투지 않게 한다.

위의 불상현은 가짜 현자(자칭 현자)를 말하는 것이며, 백성들이 현자를 따르는 것이 아니고 깨달음을 얻어야 하는 것을 간접적으로 설명한다.

대중들이 현자라고 하는 사람이나 지도자(정치적, 종교적)라고 하는 자를 믿고 따른다면 이는 파당이나 분파 등을 만들게 되고 더 나아가 자신들의 이권과 이념에만 치중하게 되는데, 이는 사회적, 국가적 혼란을 만들어 결국 대중인 백성들에게 피해로 돌아오는 것을 말한다.

깨달음에는 어떠한 이념과 철학도 필요 없다. 어떻게 하면 살아가는 한평생 좋은 길로 갈 수 있는지를 배우고 실천하면 된다. 다만 모르기 때문에 가짜 현자들을 따라가는 것이다.

서기 2020년인 현실에서도 우리는 많은 사람들이 가짜 현자들에게 속아 신세를 망치는 것을 많은 언론 매체를 통하여 볼 수 있다. 가짜 현자를 사이비 교주라 할 수 있다.

노자는 이를 알고 가짜 현자를 숭상하지 않으면 백성들이 다투지 않는다고 말한다. 다투지 않으면 조화를 이루는 것이며, 이는 좋은 나라, 행복한 나라를 뜻하며 좋게 돌아가는 공의 법칙을 말하는 것이다. 노자 시절도 그랬고, 현재도 그렇고, 미래도 대중들이 깨닫지 못하면 계속 똑같이 그렇게 될 것이기 때문이다.

삼독三毒

사람은 태어나 살아가면서 환경에 본능적으로 악한 마음을 갖는다. 이를 삼독(탐, 진, 치)이라 하며, 욕심, 화냄, 어리석음이다. 덕을 쌓고 복을 받으려면 그 삼독을 버려야 한다.

삼독으로 얻는 괴로움을 공의 도형으로 살펴보면

하나, 탐(욕심) – 탐은 공의 독자성과 상대성을 모두 적용한다.

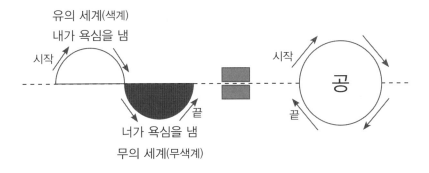

유의 세계(색계)
내가 욕심을 냄
시작
끝
너가 욕심을 냄
무의 세계(무색계)
공
시작
끝

탐(욕심)의 공의 도형

상기 도형은 내가 욕심으로 결국 고(괴로움)를 느끼게 하는 잘못 돌아가는 길을 말하며 잘못된 공을 이룬다.

내가 욕심내는 것은 내가 행복한 것으로 인식되는 것이고, 그 결과는 너가 욕심을 내는 것으로 내 것을 너에게 빼앗기는 것으로 인식된다. 내 것을 빼앗겨 즐거운 사람은 아무도 없을 것이다. 이는 내 것을 너에게 빼앗겼기 때문에 자신은 괴로운 것이다.

이렇게 욕심은 나에게 잘못된 하나의 공을 이루고 소멸한다. 세상살이 욕심낸다고 되는 사람 별로 없다. 하지만 많은 사람들은 무리한 욕심을 부리다가 가정을 위태롭게 한다. 주위를 살펴보면 욕심부리고 잘난 척하다 망하는 사람들을 흔히 볼 수 있다.

둘, 진(성냄) – 공의 독자성과 상대성을 모두 적용한다.

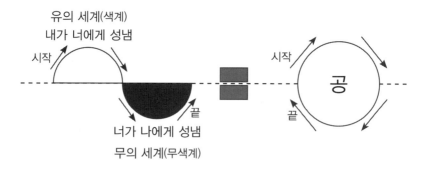

진(성냄)의 공의 도형

상기 도형은 내가 성냄으로 결국 내가 고(괴로움)를 느끼게 하는 잘못 돌아가는 길을 말하며 잘못된 공을 이룬다.

내가 성내는 것은 내가 순간적으로 행복한 것으로 인식되는 것이고, 그 결과는 너가 나에게 성내는 것으로 내 감정이나 육체를 괴롭게 만드는 것으로 인식된다. 내가 스트레스를 받거나 자존심이 상한다면 이를 즐겁다고 하는 사람은 아무도 없을 것이다. 이렇게 성냄은 나에게 잘못된 하나의 공을 이루고 소멸한다.

현실에서 많은 사람들이 상대의 마음에 상처를 주는 말과 행동을 한다. 그 결과 상상을 초월하는 사태가 종종 일어난다. 내가 너에게 상처를 주면 시간이 지나면 너도 나에게 상처를 무조건 주게된다. 단, 내가 상처 주는 너는 일부이지만 나에게 상처를 주는 너는 70억 이상의 사람인 것을 알아야 한다. 즉 전혀 상상도 못한 존재가 나에게 상처를 주어 나를 괴롭게 만든다. 또한 성냄 중에서도 가장 안 좋은 성냄은 욱하는 성질이다. 욱하는 성질은 내면의 악한 마음을 일시에 폭발적으로 밖으로 표출하기에 상대는 속수무책으로 당하게 된다.

욱하는 성품

착한 사람의 보이지 않는 머리 속에는 선한 성품과 악한 성품이 있어 평소는 선한 성품으로 살아간다. 그러다 다른 사람으로, 또는 환경으로 인하여 자신의 감정을 다스리지 못하면 순간적으로 에너지가 급속히 빠져나가며 체력이 고갈되어 흥분 상태에 이른다. 이 흥분 상태에서 보이지 않는 머릿속의 악한 성품이 돌발적으로 일시에 표출되며 돌발 상황을 만들 수 있다.

욱하는 성품은 다스리기 어려우나 다스리도록 노력하여야 한다. 결국 욱하면 나에게 피해가 발생하기 때문이다.

전 세계적으로 많은 사람들이 유명하든 유명하지 않든 이 욱하는 성질로 인하여 살인, 폭행 등을 행하고 그 대가를 받고 있다.

성품 중에 가장 좋은 성품은 어떠한 경우라도 원만하게 공을 이루는 성품이라 할 수 있다. 반면 욱하는 성품은 가장 안 좋은 성품이며, 그 욱하는 성품으로 인하여 극과 극의 인생을 살아갈 수 있기 때문이다. 심한 경우 한번 욱한 성품 때문에 많은 시간을 허송세월하거나 괴로움의 세월을 보낼 수 있다.

옛말에 "참을 인忍 자가 셋이면 살인도 면한다."라는 말도 이 욱하는 성품을 참아야 함을 말하는 것이다. 자신이 자신의 성품을 알기 때문에 이 욱하는 성품을 가진 사람은 수행을 많이 하여야 무탈할 수 있다.

셋, 치(어리석음) – 독자성을 적용한다.

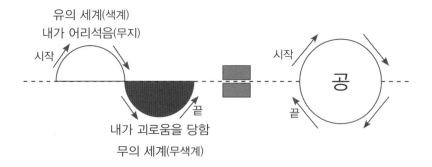

치(어리석음)의 공의 도형

내가 무지(무식)한 관계로 상대인 너를 보고 느끼지 못하고 행동한 결과 돌아오는 피해는 결국 나를 괴롭게 한다.

상기의 삼독은 하나의 집합체이며 독자성과 상대성으로 결국 나에게 괴로운 고로 되돌아와서 하나의 잘못된 공을 이루고 소멸한다.

견물생심의 공

물건(좋은 물건)을 보면 그것을 가지고 싶은 욕심이 생긴다. 이것은 인간이 태어날 때부터 갖고 태어나는 3독(탐, 진, 치) 중 탐에 해당하며 자신을 괴롭게 만드는 원인이 된다. 특히 정당한 노력 없이 갖는다면 자신을 세상의 늪에 빠지게 한다. "불견가욕不見可欲이면 사민심불란使民心不亂"이란 말과 같은 의미이다.

사람은 태어날 때부터 삼독 중에서 탐(욕심)을 갖고 태어나기 때문에 귀한 물건을 보면 갖고 싶어하는 본능을 충동적으로 느낀다. (약간 환경에 따라 다를 수 있지만 문명이 발달할수록 더하다.)

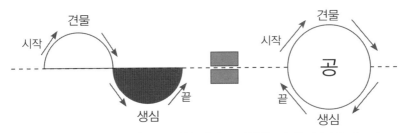

견물은 자기가 좋아하는 물건을 말하고, 생심(좋아하는 물건을 갖고자 하는 마음)을 일으킨다.

견물생심의 공의 도형

좋은 물건을 보고 갖고자 하는 마음은 누구나 갖고 있다. 여기까지가 견물생심이라면 그 다음으로 행동하는 것이 중요한 선택이라 할 수 있다.

정도로 가진 것은 원만이 공을 이루어 기쁨으로 소멸이 되나 비정상적인 길로 갖게 된다면 잘못된 공을 이루어 내가 괴롭게 살게 된다.

예를 들어 정도로 노력하여 좋은 물건을 돈을 주고 사면 기쁨으로 공을 이루게 된다. 반대로 부정한 돈이나 절도 등으로 물건을 갖는다면 그 사람은 죗값으로 기쁨이 아니라 교도소로 들어가서 제한된 자유로 괴롭게 살아가며, 그 죗값을 다하면 공을 이루어 소멸한다.

정치하는 사람이나 공기업(국가 공무원)에 근무하는 사람이 뇌물을 받아 좋은 직장도 소멸되고 교도소에서 그 죗값을 받는 것은, 그 받은 뇌물로 동산이나 부동산, 그 외의 사치품을 구입하는 등 견물생심에서 시작된 잘못된 행동으로 인한 것이 된다. '정도의 노력'이란 너에게 정당한 공헌을 하고 받는 대가를 말한다.

견물생심의 마음을 버리기가 어찌 쉽다고 할 수 있겠는가? 다만 그 마음의 경계를 다스리지 못하면 모든 권력과 명예와 부를 잃어버리게 될 것이다.

위무위爲無爲는 무위법無爲法을 말한다.

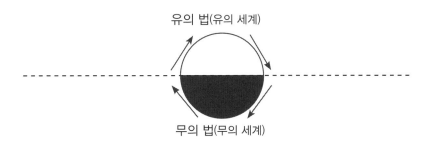

유의 법(유의 세계)

무의 법(무의 세계)

무위법의 공의 도형

위무위나 무위법으로 다스려지지 않는 것이 없다는 것은 항상 공을 이루게 만들었을 때 가능한 일이다. 다만 그 깨달음을 얻기가 쉽지 않다.

생활에서 항상 공을 이루도록 노력한다면 오묘하고 미묘한 일들이 자신에게 덕으로 돌아오게 된다. 이를 무위법이라 할 수 있다. 즉 무에서 유로 드러나기 시작하기 때문이다

현재의 내가 이 이치를 깨닫고 유의 세계에서 덕을 쌓는다면 오묘하고 미묘하게도 무의 세계에서 나에게 행운으로 복이 돌아온다. 결국 내가 행동한 유의법에 의하여 무의법에서 다시 나에게 현실(유의법)에 영향을 준다. 이런 이치로 보면 어질고 덕을 쌓는 사람은 무위법에 의하여 사람들이 자연스럽게 존경하게 된다.

성선설性善說과 성악설性惡說

성선설性善說

인간 본성에 대한 동양 학설의 하나로 사람의 본성本性은 근본적으로 선善하다는 설이다. 대표적인 학자는 맹자孟子이다. 근본이 착하므로 착하게 살 수 있는 사회 환경과 교육을 시켜 국가가 안정을 찾아야 한다는 설이다. 이는 착한 사람이 계속 착하게 살 수 있는 사회를 만들어주는 것이다.

성악설性惡說

인간 본성에 대한 동양 학설의 하나로 사람의 본성本性은 근본적으로 악惡하다는 설이다. 대표적인 학자는 순자荀子이다.

근본이 악하므로 착하게 살 수 있는 사회 환경과 교육을 통해 국가가 안정을 찾아야 한다는 설이다. 이는 악한 사람이 개과천선改過遷善 하도록 제도하여 착하게 살 수 있도록 만들어주는 것이다.

성무선무불선性無善無不善

인간 본성에 대한 동양 학설의 하나로 사람의 본성은 "선하지도 악하지도 않은 존재로, 선하게 키우면 선하고, 악하게 키우면 악하게 된다"는 설이다. 대표적인 학자는 고자告子이다.

심근心根

사람이 타고날 때는 누구나 성품性品을 갖고 태어난다. 예를 들어 음악의 리듬이나 색의 아름다움에 모든 사람들이 감동을 받는 것은 선천적으로 심근을 갖고 태어났기 때문이다.

이 성품을 분류하면 아래와 같다.

선근善根 – 착한 뿌리: 착한 성품이 근본으로 태어났다. 타인과 환경 여건으로 어려움에 있어도 내 탓이라고 인내로 참고 견딘다. 법(헌법)이 없어도 살 수 있는 사람이다.

악근惡根 – 악한 뿌리: 악한 성품이 근본으로 태어났다. 자신 위주로만 생각하고 행동하며 타인에게 주는 피해는 의식하지 않는다. 법(헌법)이 있어도 안 되는 사람들이다.

중근中根 – 착한 뿌리와 악한 뿌리를 함께 가지고 있으며 환경과 여건에 따라 선과 악으로 변하는 성품이다. 착한 마음도 있고 악한 마음도 있어 상황과 여건에 따라 바뀐다.

이런 부류는 보복 심리가 있어 손해보면 자신도 손해를 줘야 하든가, 또는 손해를 본 만큼 이익을 얻어야 직성이 풀리는 성품이다. 법(헌법)이 있어도 요리조리 나름의 수數를 부리며 살아가는 사람들이다.

중근中根의 양분量分 – 성선설과 성악설

중근의 성선설: 중근의 사람들에게 적절하고 합리적인 법치주의(헌법)와 사회의 조화(좋은 환경)가 이루어진다면 선근 쪽으로 마음을 일으키는 것이다. 이것이 맹자가 설한 '성선설性善說'이 된다.

예를 들어 1997년 IMF(국제통화기금, International Monetary Fund) 위기 때, 국민들 모두 위기에서 벗어나기 위해 일심단합—心團合한 금 모으기가 '중근의 성선설'이라 할 수 있다. 중근의 대중이 선근 쪽으로 함께하면 세상이 조화(평화와 안정)를 이룰 것이다. 또한 더불어 밝은 세상을 만들 것이다.

중근의 성악설: 중근의 사람들에게 적절하지 않고 이기적인 법치주의(헌법)와 사회의 불화(나쁜 환경)가 이루어진다면 악근 쪽으로 마음을 일으키는 것이다. 이것이 순자가 설한 '성악설性惡說'이 된다.

이러한 것은 내가 법과 질서를 지키면 손해를 본다는 느낌을 받는 사회 구조 때문이며, 이는 지역 이기주의, 권력자(정치가, 재력가)들의 야합野合(좋지 못한 목적으로 서로 어울림)과 비리, 자기 우선(이기)주의 등으로 나타난다. 자기도 손해를 보지 않기 위해 같이 그 마음을 행하는 것을 '중근의 성악설'이라 한다.

중근의 대중이 악근 쪽으로 함께하면 세상이 혼돈(혼란과 불안정)을 이루고 중근의 대중이 선근 쪽으로 함께하면 세상이 화합, 평화, 안정을 이룬다.

제4장

道, 沖而用之, 或不盈
도　충이용지　혹불영

道, 沖而用之, 或不盈. 淵兮 似萬物之宗.
도　충이용지　혹불영　연혜　사만물지종

挫其銳, 解其紛, 和其光, 同其塵. 湛兮 似或存.
좌기예　해기분　화기광　동기진　담혜　사혹존

吾不知誰之子, 象帝之先.
오불지수지자　상제지선

도道라는 것은 비어있는 공허한 것 같아도 그 용도는 어떤 것도 가득 채우지 않는 것이 없다. 그 근원은 만물의 주인과 같다. 날카로움을 꺾고 모든 일을 나누어 풀며, 모든 일을 조화롭게 빛나게 하며, 이는 티끌과 같이 이루어진다.

참으로 신비하도다. 없는 것 같으나 존재한다. 나는 그것이 어디서 나왔는지 모르지만 하늘의 상제보다 먼저가 되는 것 같다.

해설 ▷▷ 이 장에서는 공의 세계를 원리와 순리로 설명하고 있다.

앞서 설명한 공空은 빌 공으로 언어 문자상으로 표현하기 어렵기 때문에 비어 있다고 한다. 공의 세계는 언제 누가 어떤뜻으로 만들었는지는 모른다. 다만 그 만들어진 공 안에서 살고 있는 인간들은 만들어진 공의 법, 즉 정법定法(만들어진 법)을 바로 배워 정법正法(만들어진 법을 바르게 배우고 지켜야 함)으로 살아야 무난할 수 있다.

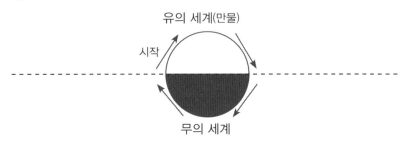

상기의 공의 도형에서와 같이 공은 항상 엇박자의 경계를 두고 두 분류로 나누지만 그 나눔이 조화롭게 이루어지게 된다. 또한 공은 오묘하고 미묘하게 돌아가기 때문에 100년도 못 사는 인간의 능력으로 그 깊이를 알기는 절대 어렵다.

"상제(하늘)보다 먼저인 것 같다"라는 의미는 무엇인가?

종교별로 보는 상제, 즉 신神을 공의 도형으로 살펴보면

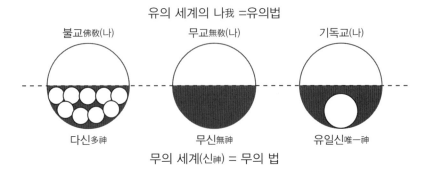

이런 연유로 노자는 무의 세계를 상제로 표현한 것이다. 결국 공의 세계가 먼저라는 것을 설명하고 있다.

제5장

天地不仁
천 지 불 인

天地不仁, 以萬物爲芻狗.
천 지 불 인 이 만 물 위 추 구

聖人不仁, 以百姓爲芻狗.
성 인 불 인 이 백 성 위 추 구

天地之間, 其猶槖籥乎. 虛而不屈, 動而愈出.
천 지 지 간 기 유 탁 약 호 허 이 불 굴 동 이 유 출

多言數窮, 不如守中.
다 언 수 궁 불 여 수 중

천지는 어질지 않다. 만물을 짚으로 만든 개처럼 감정 없이 상대
한다. 성인은 어질지 않다. 백성들을 짚으로 만든 개처럼 감정 없
이 대한다. 천지 사이는 바람을 일으키는 풀무와 같이 텅 비어 있
는 것 같지만 한쪽으로 쏠림이 없고 움직이면 그치지 않는다. 말을
많이 할수록 곤궁하게 되니 중도를 지키는 것만 못하다.

해설 ▷▷ 이 장에서는 천지는 공空을 말하며, 공의 이치에 의하여
엇박자로 돌아가기 때문에 착하다고 잘해주고 악하다고 못해주는
것이 아니다. 짚으로 만든 개는 감정이 없다는 것을 의미하며 천

지인 공은 감정 자체는 없는 것이다. 이런 연유로 어짐이나 관용, 용서 등이 없다고 한 것이다.

깨달음을 얻은 노자도 그 이치를 알기 때문에 성인도 어짐이 없다고 표현한 것이다.

태고 이전부터 노자 시대, 그 시대를 지난 현대의 시대에도 공은 계속 돌아가고 있다. 아침이 오면 곧 밤이 오고, 밤이 오면 곧 아침이 온다. 공은 이런 식으로 계속 돌아가지만 한쪽으로 치우침이 없이 항상 평등하게 공을 이루고 소멸과 생성을 계속하며 돌아가고 있다. 즉 공의 세계는 그침이 없는 것이다.

밤낮으로 돌고 있는 공의 도형을 살펴보면

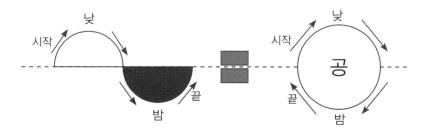

하루(1일)의 공의 도형

상기 도형에서와 같이 낮과 밤이 하나의 공을 이루고 계속 거침없이 돌아가고 있으며 이 돌고 있는 공으로 인하여 사람은 나이를 먹으며 때가 되면 죽음으로 소멸한다. 이전의 모든 사람들도, 현재의 사람들도, 미래의 사람들도 돌고 있는 공으로 인하여 무의

세계로 귀환한다

　말을 많이 할수록 곤궁하고 중도보다 못하다는 뜻은 누구나 다 알듯, 말을 많이 하다 보면 실수를 하게 되거나 자만할 수 있어 그 실수와 자만이 상대에게 상처나 피해를 줄 수 있다는 것이다. 또한 그 피해로 공의 법에 의하여 시간이 지나면 자신에게 되돌아 오기에 말을 많이 하기보다 중도를 지키는 것이 자신에게 덕이 된다.

　공의 법은 한 번 일으킨 언행은 반드시 돌아 자신에게 되돌아온다. 이런 연유로 말과 행동을 성인들은 조심하고 삼가한 것이다.

　"말이 씨가 된다"라는 속담이 있다. 그 말이 공을 일으키고 엇박자로 돌아서 공을 이루고 소멸하기 때문이다. 이런 연유로 항상 좋은 말을 하는 것이 자신에게 덕(복)으로 돌아온다고 하겠다.

제6장

谷神不死
곡 신 불 사

谷神不死, 是謂玄牝,
곡 신 불 사 시 위 현 빈

玄牝之門, 是謂天地根,
현 빈 지 문 시 위 천 지 근

綿綿若存, 用之不勤.
면 면 약 존 용 지 불 근

곡신(헤아릴 수 없는 오묘하고 미묘한 도)은 불사(영원히 죽지 않는다)
를 이루고, 이 곡신은 오묘한 암컷과 같다. 오묘한 암컷과 같은 문
은 천지의 근원이다. 도는 끊이지 않고 이어지며, 그 작용은 무궁무
진한 것이다.

해설 ▷▷ 이 장에서는 공의 세계 중 무의 세계는 사람의 눈으로
보이지 않는 무색계의 세계로 노자는 이 세계를 음과 암컷으로 표
현하였다.

공의 도형으로 살펴보면

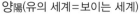
양陽(유의 세계＝보이는 세계)

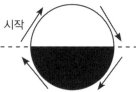

시작

음陰(무의 세계＝보이지 않는 세계)

　상기 도형에서 보이지 않는 무의 세계에서 보이는 유의 세계로 생(태어남)기기 때문에 어머니의 배 속에서 있다가 아이가 태어나므로 만물의 근원을 암컷으로 표현한 것이다.

　이 6장의 암컷이라는 표현은 제1장의 무無, 명천지지시名天地之始와 같다고 보면 된다. 즉 무에서 천지의 시작이 되기 때문에 암컷과 같다고 표현한 것이다.

　여성분들이 없고, 자식들을 낳지 못하다면 조상님들은 물론이요, 인류는 벌써 멸망했을 것이다. 남녀간의 인연도 자신의 뜻대로 되지 않는 것도 모두 '공의 법칙' 때문이다.

누구나 갖고 태어나는 인연 – 사람의 인연因緣
첫 번째로 두 가지 인연因緣을 갖고 태어난다.

　하나는 무無의 인연因緣이며, 하나는 유有의 인연因緣이다.

　무의 인연은 불변이다. 각종 종교가 있는 것은 무의 세계를 인증하는 것이다. 유의 인연은 내가 중심이다. (누구나 자신이 중심이라 생각하며, 자기 자신이 없는 세상도 없기 때문이다.)

두 번째 인연은 유에 나는 남자 또는 여자다.

남자의 유의 인연은 여자이며 본질은 여자의 성이다. 여자의 유의 인연은 자식이며 본질은 성에서 나온 자식이다.

남녀간 관계를 이성 관계라 하는 것도 이 때문이 아니겠는가?

만약 남자, 여자가 없고, 아버지와 어머니가 없었다면 현재의 나도, 아름다운 천지자연도 보지 못했을 것이며, 맛있는 음식도 먹지 못했을 것이며, 이보다 더 인류는 벌써 멸망하고 존재하지 않았을 것이다.

이異: 다를 이, 성性: 사람이나 사물 따위의 본성이나 본바탕

이런 이치로 조상님들도 내 자신도, 내 자식과 후손들 또한 살아가며 이렇게 세상이 돌아가고 있는 것이다.

이 첫 번째와 두 번째의 인연으로 인하여 나는 수많은 사람들과 만나 견문과 체험을 하며 깨닫게 된다.

사람마다 자신과 천생연분처럼 인연이 맞는 사람이 있다. 그러나 사람들은 자신에게 맞추려고 억지로 인연을 만들려고 한다. 뜻대로 안 되면 화가 나거나 부끄러울 때도 있고, 미련을 두어 어리석은 행동을 할 때도 있다. 인연이란 때에 맞게 자신에게 오고 가니 비우면 그 인연을 알게 된다. 이후 죽으면 '유의 인연'은 소멸되고 '무의 인연'만 남는다.

'무의 인연'은 내 몸과 마음은 소멸(사라진다)되고, 영혼만 '무의 세계'에 존재하는 것이다. '무의 인연'에서 영혼만 존재하다 다시 유의 세계로 몸(상)을 받아 환생하여 또다시 태어날 때, 처음과 똑

같이 두 가지 인연을 만나 돌아가는데 이를 '인연법因緣法'이라 한다. 또한 이 인엽법을 돌아가게 하는 것을 연기법이라 한다.

지금의 시대에는 여성에 대한 성추행, 성폭행, 성매매가 항상 문제가 되며, 유명한 일부 남성들은 이런 행위로 인하여 사회적 지탄은 물론 명예가 추락하고 많은 시간적 대가를 치르기도 하는데, 모두 이 두 가지 인연 때문이다. 이를 깨닫지 못하면 남성들은 미투에서 피해가기 어렵다.

사랑과 성추행의 공

남녀가 만나 사랑하는 것은 당연한 세상 이치이나 한쪽의 일방적인 사랑의 표현은 잘못하면 너에게 피해를 준 결과가 되어 성범죄로 이어진다. 현실에서 지난 시절이나 현재의 실상에서 성추행이나 성폭행으로 인한 고발 운동 미투(me too)가 연일 언론지상에 공개되고 있다.

여자는 정신적(마음) 사랑을 하고, 남자는 육체적 사랑을 한다. 이것은 남녀로 태어날 때부터 가지고 태어나는 인연因緣이며 엇박자의 사랑이라 할 수 있다. 이런 의미에서 남녀 관계를 이성異性 관계라 하여 서로 다른 성性이 만나는 관계라고 하는 것이다. 그렇기 때문에 여심이 없는 상태의 일방적인 남자의 사랑 표현 방법은 하나의 공을 이루지 못하고 잘못하면 범죄가 된다. 남자가 사랑하려면 여자의 마음을 사로잡도록 노력하여야 한다.

'사랑과 추행'을 공의 도형으로 살펴보면

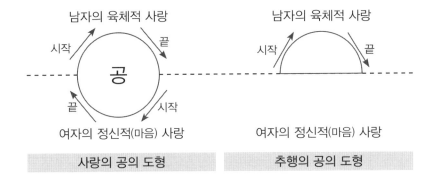

| 사랑의 공의 도형 | 추행의 공의 도형 |

올바르지 않는 성 표현 방법(공을 이루지 못하는 방법)은 너에게 피해를 준 것이 되어 나에게 피해로 되돌아온다는 것을 꼭 알아야 한다. 이뿐만 아니라 모든 일이 '공의 법'에 의하여 반드시 때가 되면 되돌아와서 그에 상응하는 대가를 받게 한다. 그것이 1년 전이든 10년 전이든. 현재의 성추행 고발 사건도 '공의 법'에 의하여 돌아오는 현상으로 일어나고 있는 것임을 알아야 한다.

미투(me too) 운동으로 나름의 좋은 직장이나 높은 자리를 잃거나 또한 편하게 살다가 그전에 지은 죄로 인하여 '공의 법'에 의해 되돌아와서 그 자리에서 물러나는 것, 법적 대가를 받는 것, 모두는 자신의 탓으로 인정하고 참회를 하여야 한다. 미투(me too) 운동은 이성인 너에게 피해를 줌으로 나에게 피해로 돌아오는 '공의 법'을 그대로 보여주는 것이다.

잘못된 성 집착(성희롱, 성추행, 성폭행)은 성에 대한 본질의 교육이 제대로 이루어지지 못한 결과로, 자신의 무아無我를 단속하지 못한 합작품의 결과다. 또한 이로 인하여 '공의 법'에 따라 때가 되어 벌(대가)을 받는 것은 당연한 결과이다.

현재 세상은 지구촌이란 이름에 걸맞게 실시간으로 모두 볼 수 있으므로 죄에 대한 대가가 더 빨리 되돌아오니 너에게 피해를 주지 않도록 더욱 유념하여야 한다.

사랑의 힘은 위대하지만 동등한 입장에서의 사랑은 '무의 바람'이 불면 위태롭게 된다. 사랑의 힘이 위대한 것은 이성 간의 연인 戀人이 공空을 이루는 단계나 공을 이룬 상태일 때뿐이다.

현실에서 동등한 많은 사람들이 서로가 없으면 죽을 것 같이 사랑하다가도 때가 되면 시들해지고, 심한 경우는 서로에게 상처를 주는 것이 현실이며, 사랑하여 결혼한 부부의 1/3 이상이 이혼하는 현실이 이를 증명한다. 현실에서 연예인들이 이성을 만나 TV에 나와 자랑하다가 세월이 흘러 이혼하는 소식을 듣는 경우도 많이 있다.

제7장

天長地久
천 장 지 구

天長地久, 天地所以能長且久者, 以其不自生, 故能長生,
천 장 지 구   천 지 소 이 능 장 차 구 자   이 기 불 자 생   고 능 장 생

是以聖人 後其身而身先,
시 이 성 인 후 기 신 이 신 선

外其身而身存, 非以其無私邪 故能成其私.
외 기 신 이 신 존   비 이 기 무 사 사 고 능 성 기 사

천지는 영원하다. 천지가 영원할 수 있는 것은 자신을 위한 이기적인 사사로움이 없기 때문이며, 그러므로 영원할 수 있다. 이런 이치를 아는 성인은 스스로 내세우지 않아도 앞설 수 있고, 자신을 버려 놓아도(비운다) 오히려 온전히 보전할 수 있다. 이것은 개인적인 욕심을 버렸기 때문이다. 그래서 성인을 이룰 수 있는 것이다.

해설 ▷▷ 이 장에서는 영원한 공의 세계와 엇박자로 돌아오는 공의 순리를 말하고 있으며 그 이치를 깨달은 성인이 행동을 통하여 이룰 수 있음을 말한다. 성인이 되기 위해서는 공의 독자성으로 수신이나 수행을 통해 깨달음을 얻고, 그 깨달음으로 너에게 자신을 낮추거나 비움으로 공의 상대성으로 행동하므로 돌아오는 결과(복

福)는 너(나 – 70억 인구)가 나에게 존경하거나 낮추게 되는 것이다.

공의 도형으로 살펴보면

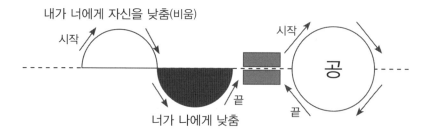

성인의 공의 도형

4대 성인聖人 중 석가모니불, 공자님이 성인이 되신 이유를 공의 도형으로 살펴보면 다음과 같다.

석가모니불의 공

석가모니불의 독자성의 공의 도형(깨달음)

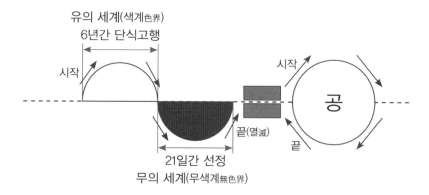

석가모니불의 독자성의 공의 도형

석가모니불께서는 독자성으로 수행을 통하여 득도를 하셔 공을 이루셨다. 그런 다음 중생들을 고에서 교화(구원)하고자 하화중생에 많은 노력을 하셨다.

석가모니불의 상대성의 공의 도형(화화중생)

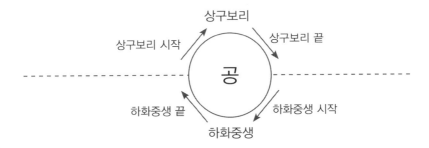

석가모니불의 상대성의 공의 도형

석가모니불은 공의 독자성으로 고행으로 득도하시고 그 깨달음으로 공의 상대성인 중생들을 교화하신 공로가 있기에 그것이 성인이 되신 이유라 할 수 있다.

"상구보리하화중생"이란?
위로 보리를 추구하고 아래로 중생을 교화한다는 뜻이다.

공자의 공
공자의 독자성의 공의 도형(깨달음)

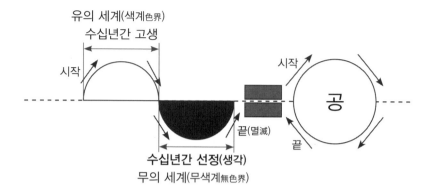

공자의 독자성의 공의 도형

공자는 춘추 전국 시대라는 혼란의 시대에 많은 고생을 하며 득도하여 후학들에게 유교의 가르침을 전했다.

공자의 상대성의 공의 도형

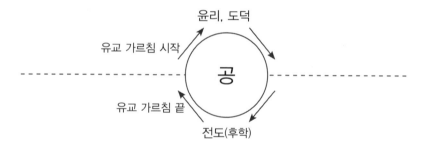

공자의 상대성의 공의 도형

공자는 공의 독자성으로 많은 고생으로 득도하시고 그 깨달음을 공의 상대성인 사람들에게 교화(윤리. 도덕을 전도)하여 그 공로가 인정되어 성인이 되셨다.

고행苦行을 많이 하고 선정(생각)에 든다면 누구나 부처(佛)가 될 수 있다.

고생苦生을 많이 하고 선정(생각)에 든다면 누구나 공자가 될 수 있다.

노자는 왜 성인의 길을 알고 있으면서 성인으로 인정을 받지 못했는가?

노자는, 도道는 깨달아 독자성의 공은 이루었지만, 너에게 덕을 주는 상대성의 공(후학)을 이루지 못하고 은둔하였기에 완전한 공을 이루지 못한 결과가 아닌가 생각한다.

그래도 노자 도덕경은 그 깊이가 심오하여 아직도 많은 사람들에게 오묘하고 미묘한 공이 돌아가는 도(길)의 가르침을 전하고 있다. 그 가르침은 성인이라 할 수 있다.

이 글 '노자 도덕경의 공'은 노자의 도덕경과 불교(석가모니불)의 핵심 사상인 공空을 합친 것이며, 세상살이가 깨달음의 길이기에 하나의 뜻을 이룬다고 할 수 있다. 다만 두 분이 설하시는 방법이 서로 다르지만(방편으로 분별함) 진리는 하나이기 때문에 이 글의 주 제목이 되는 것이다.

제8장

上善若水
상 선 약 수

上善若水. 水善利萬物而不爭, 處衆人之所惡. 故幾於道.
상 선 약 수　수 선 리 만 물 이 부 쟁　처 중 인 지 소 오　고 기 어 도

居善地, 心善淵, 與善仁, 言善信, 正善治, 事善能. 動善時.
거 선 지　심 선 연　여 선 인　언 선 신　정 선 치　사 선 능　동 선 시

夫唯不爭, 故無尤.
부 유 부 쟁　고 무 우

최고의 선은 물과 같다. 물과 같은 선은 만물에게 도움을 주지만 다투지는 않고, 모든 사람들이 싫어하는 자신을 낮추게 처신을 한다. 그러므로 어느 정도는 도에 가깝다 할 수 있다. 선한 자는 천지의 지(땅)처럼 자신을 낮추어 살아가고, 마음은 깊고 고요하며 맑게 하고, 어진 마음으로 베풀며, 말에는 믿음이 있으며, 모든 일은 바르게 잘 다스리며, 일은 정성을 들여 능력에 맞게 하고, 행동은 때에 맞게 하여 사람들과 다투지 않는다. 고로 더욱 무난할 수 있는 것이다.

해설 ▷▷ 이 장의 내용들은 도에 가까운 삶을 살기 위해서는 물처럼 유연하고 너그러우며 넓은 마음으로 자신을 낮추어 어질게

살아갈 때 가능하다고 한다.

현실에서 실제로 행동하기가 어렵지만 많은 수행을 한다면 못할 것은 없다.

도道란 무엇인가?

세상의 변화(공의 엇박자의 변화)에도 중심을 잃지 않고 좋은 길(굴곡이 없는 평탄한 길)을 변함없이 갈 수 있는 것을 말하며, 깨달음의 길은 그 길을 찾는 것이라고 말할 수 있다.

도道를 이룬 종류 – 불경을 인용함

불경에 보면 부처님께서는 오직 일불승을 위하여 설하신다고 한다. 다만 그 과정에서 한 방편으로 이·삼불승들을 위하여 설하신다고 설명한다.

일불승과 이·삼불승에 대하여 공의 도형으로 살펴보면 다음과 같다. 또한 삼승을 다르게 표현한 것과 비교하면 다음과 같다.

일불승 – 보살승菩薩乘
이불승 – 연각승緣覺乘
삼불승 – 성문승聲聞乘

삼승을 공의 도형으로 분류하면 다음과 같다.

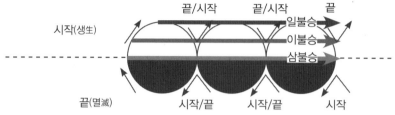

상기 도형에서 엇박자의 경계, 즉 중도(점선)에서 도를 이룬 상태, 또는 유지하는 상태를 삼불승이라 할 수 있다. 그리고 그 위를 이불승, 최상의 도를 이룬 제일 높은 경지를 일불승이라 한다.

최상의 도는 현실에서 이루기가 어렵지만 중도의 도는 누구나 노력한다면 가능한 도라 할 수 있다.

여기서 승乘은 '탈 승'으로 돌아가는 바퀴를 말하며 그 바퀴는 둥근 것을 말한다. 부처님께서는 돌아가는 공空의 세상을 깨닫는 것을 탄다로 비유하여 승乘을 말씀하시는 것이다. 참고로 일불승의 엇박자는 하부에 극을 이루어야 한다. 즉 마이너스 일불승을 이루어야 한다. 이 마이너스 일불승은 최악의 고행을 말하는 것이다.

일불승—佛乘이란 무엇인가

일불승이란 부처님께서 깨달으신 불법佛法, 즉 '공空의 이치理治'에 이르는 수레와 같아 보살이나 중생이 올라타 불법에(깨달음) 이르는 것을 말한다. 불교란 믿음이나 기원의 종교가 아니라 깨달음의 종교이기 때문이다.

일불승, 이·삼불승은 중생이 승려가 되라는 뜻이 아니라 세상 이치(아뇩다라샴막삼보리) 깨달음에 이르는 등급을 말한다.

일불승은 깨달음을 통달한 존재로 대보살님을 말한다.

이불승은 벽지불로 혼자서 깨달음을 득한 존재이나 일불승 경지는 미치지 못한 정도이다.

삼불승은 성문으로 혼자서 깨달음을 득한 존재이나 이불승 경지는 미치지 못한 정도이다.

삼불승에 도달한 자는 자신은 해탈을 이루었다고 생각할 수 있으나 부처님께서 보실 때 이불승은 중간 정도 깨달았다고 보신다. 부처님께서 보실 때 삼불승은 초보 정도 깨달았다고 볼 수 있다. 부처님께서는 중생이 천지를 모르고 살아간다고 보신다.

세상 이치는 깊고 오묘하기 때문에 끝이 없음을 알아야 한다. 알아도 안 것이 아니고 보아도 본 것이 아니며 느낀 것도 느낀 것이 아니다.

왜 부처님께서는 일불승을 위해서 말씀하시는가.

일불승이란 대승과 같은 맥락의 뜻이다. 부처님께서 중생들의 생전 모습과 죽은 후 모습들을 두루 살펴 보시니 모두가 괴로움과 고통에서 벗어나지 못하는 것을 아셨다. 그 고통에서 벗어날 방법이 깨달음의 불법임을 아시고 중생들이 불법의 수레(일불승)에 올라타 괴로운 고의 윤회에서 벗어나기를 바라셨다.

일불승에 이르는 것은 깨달음을 얻는 것이다. 중생이 살아가면서 세상 이치(불법)를 깨우쳐 자기 자신뿐만 아니라 주위가 있어 자신이 있음을 고맙게 깨우치고, 주위와 조화를 이루어 자신도 이롭게 하며 주위 생명 있는 모든 존재에게도 이롭게 하는 대승의 길에 이르는 것이다. 이것은 나도 죄를 짓지 않아 윤회를 끊게 하고, 주위 사람들도 더불어 죄를 짓지 않도록 도와준다.

일불승은 대승의 길과 같다. 이 길만이 모든 업보로 인한 윤회를 끊는다. 이 길은 나의 모든 행동(오온 − 색·수·상·행·식)이 나에게도 득이 되고 다른 사람에게도 득이 되게 하는 것을 말한다. 이런 연유로 부처님께서는 오직 일불승만을 설하신다.

이불승, 삼불승은 소승의 길과 같다. 이 길은 모든 업보를 만들어 윤회를 한다. 이 길은 나의 모든 행동(오온 − 색·수·상·행·식)이 나에게만 득이 되는 것을 말한다. 다른 사람에게는 피해를 주지 않는다.

삼불승 이외 모든 존재는 중생과 같다. 이 길은 모든 업보의 윤회를 벗어날 수 없다. 이 길은 나의 모든 행동(오온 − 색·수·상·행·식)이 나와 내 주위만 득이 되고, 다른 존재에게는 알든 모르든 피해를 주는 것이다. 이런 연유로 부처님께서는 이·삼불승은 물론 어리석은 중생을 교화하는 방편으로 비유하여 알아듣도록 설하신다. 이렇게라도 하여 중생들이 일불승으로 갈 수 있도록 바라시는 것이다. 이는 중생들을 해탈시키고 싶은 부처님의 대자비심인 것을 알아야 한다. 또한 먼저 깨달은 자(선각자)는 일불승이든 이·삼불승이든 또는 중생이든 더불어 밝은 세상을 만들기 위해 모두에게 그 성품의 근기에 맞게 불법을 설하여야 한다.

대승의 길로 가는 길

〈초기〉 나 이외의 모든 생명 있는 존재에게 피해를 주지 않는 것이 초기의 대승의 길이다.

〈중기〉 나에게 득이 된다고 하여도 나 이외의 모든 생명 있는 존재에게 피해를 주지 않는 것이 중기의 대승의 길이다.

〈말기〉 나에게 피해가 온다고 하여도 나 이외의 모든 생명 있는 존재에게 피해를 주지 않는 것이 말기의 대승의 길이다.

이와 같은 대승의 길(초기, 중기, 말기)을 생활인 듯하면 이 사람을 부처라 할 수 있다.

대승의 길은 나도 득이 되고 다른 사람도 득이 되는 길을 말하고, 소승의 길은 나만 득이 되는 길을 말한다. 대승(일불승)이 많으면 태평천하(불국토)를 이루고, 소승(이·삼불승)이 많으면 태평천하(불국토)의 기틀이 되는 것과 같다. 중생이 많으면 어지러운 세상(난세), 즉 혼돈의 세상을 말한다.

불자가 부처님께 기원, 기도를 하는 것은 자신과 자신의 가족을 위한 것이고, 불자가 부처님의 깨달음을 얻는 것은 더불어 사는 세상을 만드는 것이다. 불자는 불교 믿는 것을 이와 같이 해야 한다.

불자가 기원(소원)을 간절히 하고 또한 타인을 배려한다면 이를 소승의 길이라 할 수 있다. 이를 생활인 듯 계속 행하면 대승(일불승—佛乘)의 길을 이룰 수 있다.

일체(유와 무의 세계), 모든 부처님께서 일불승으로 중생을 위해 설법하시는 것은 모든 중생이나 보살이 부처가 될 것을 말씀하시는 것이다. 또는 부처님과 같은 경지를 이루기를 바라는 마음으로 하시는 말씀이다.

도道에 이르는 마음

나쁜 쪽으로 변하지 않는 마음

항상 겁내지 않는 마음

항상 흥분하지 않는 마음

항상 욱하지(돌발) 않는 마음

항상 화(성질)내지 않는 마음

항상 욕심내지 않는 마음

항상 시기 질투하지 않는 마음

항상 미워하고 원망하지 않는 마음

항상 자랑하고 자만하지 않는 마음 등

좋은 쪽로 변하지 않는 마음

항상 배려하는 마음

항상 베푸는 마음

항상 용서하는 마음

항상 비우려는 마음과 내려 놓으려는 마음

항상 사랑하고 연민하는 마음

항상 너에게 덕이 되게 하는 마음

항상 조급하지 않고 너그러운 마음

항상 삼독(욕심, 성냄, 어리석음)에서 벗어나려는 마음

항상 몸이나 자세를 낮추려는 마음

항상 긍정적이고 친절하려고 하는 마음 등

깨달음을 얻은 도道란 상기의 마음들이 변하지 않는 것을 말하는데, 누가 감히 변하지 않는 도를 이룰 수 있겠는가? 또한 도를 이루기가 어찌 쉽다고 할 수 있겠는가? 타고난 자신의 성품性品을 어찌 쉽게 바꿀 수 있겠는가? 하지만 타고난 천명의 성품이 모두 공空인 것을 깨닫는다면 도道를 이루는 마음도 못 이룰 것이 없을 것이다.

항상 봄처럼 새로운 마음으로 이루기를…

항상 여름처럼 뜨거운 마음으로 이루기를…

항상 가을처럼 풍요로운 마음으로 이루기를…

항상 겨울처럼 여유로운 마음으로 이루기를…

제9장

持而盈之 不如其已
지 이 영 지 불 여 기 이

持而盈之 不如其已 揣而銳之 不可長保 金玉滿堂 莫之能守
지이영지 불여기이 췌이예지 불가장보 금옥만당 막지능수

富貴而驕 自遺其咎 功遂身退 天之道
부귀이교 자유기구 공수신퇴 천지도

들고 채우려고 함은 차라리 그만두기만 같지 못하다. 칼날을 두드려 날카롭게 하면 오래 보존할 수 없다. 금과 옥으로 대청을 채우면 지킬 길 없다. 부귀로 교만을 부리면 화를 자초한다. 공이 이루어져서 스스로 물러가는 것(소멸)이 하늘의 길(도)이다.

해설 ▷▷ 이 장에서는 공의 법칙에 의하여 엇박자로 돌아오는 것을 4가지 사례를 들어 설명하고 있다. 또한 그 엇박자들이 모두 하나의 공을 이루고 소멸(물러감)하는 것을 도라고 설명하고 있다.

상기의 내용들은 사자성어 중에 '과유불급過猶不及'이란 말과 같은데, 교만, 자만, 거만, 자랑 등은 시간이 지나면 자신에게 괴로움으로 돌아온다는 공의 법칙이다.

과유불급을 먼저 살펴보면 과유불급은 '과한 욕심은 부족한 것보다 못하다'라는 뜻으로 공의 도형으로 살펴보면 다음과 같다.

'과유불급'을 공의 도형으로 살펴보면

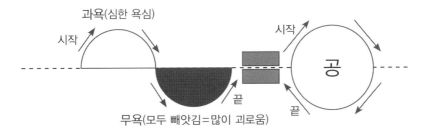

과욕의 공의 도형

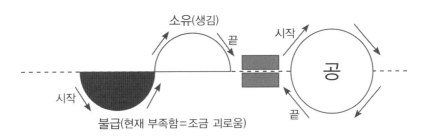

불급의 공의 도형

상기 도형들에서 알 수 있듯이 과욕의 공의 도형에서 과욕으로 인하여 시간이 지나면 오묘하고 미묘한 일들이 일어나 내가 가진 것까지 모두 빼앗기는 상황이 일어난다. 이때의 괴로움은, 부족하여 약간 힘들고 괴로운 것에 비하면 가히 비교할 수 없다.

현실에서 과한 욕심으로 모든 것을 잃고 괴로워 비관 자살하는 일들이 언론에 한번씩 보도되는 경우가 있다. 또한 언론에는 보도 되지 않지만 과한 욕심으로 괴로운 삶을 살아가는 사람들이 의외로 많이 있음을 주위를 살펴보면 알 수 있다. 이는 공이 이렇게 이루어지고 소멸하기 때문이며 그런 다음 다시 공은 시작된다. 공은 이렇게 시작되지만 이 과정에서 과한 욕심을 행한 자는 여러 가지 상처가 남는다.

載營魄抱一 能無離乎

재 영 백 포 일 능 무 이 호

載營魄抱一 能無離乎

재영백포일 능무이호

專氣致柔 能嬰兒乎

전기치유 능영아호

滌除玄覽 能無疵乎

척제현람 능무자호

愛民治國 能無知乎

애민치국 능무지호

天門開闔 能無雌乎

천문개합 능무자호

明白四達 能無爲乎

명백사달 능무위호

生之畜之 生而不有 爲而不恃 長而不宰 是謂玄德.

생지축지 생이불유 위이불시 장이부재 시이현덕

나를 하나로 다스리는 정신세계를 분리할 수 있는 무의 세계의 능
력을 아느냐? 오로지 기로써 부드럽게 다스림이 갓난아이와 같이
다스리는 능력을 아느냐? 닦고(수행) 버리(비움)는 것을 거울처럼(반

대로 보임) 오묘하고 미묘하게 일으키는 것을 결점(실수) 없이 행하는 무의 세계의 능력을 아느냐? 백성들을 사랑하고 나라를 다스리는 자를 위하는(도움 주는) 무의 세계의 능력을 아느냐? 천(양-하늘)이 열릴 때 암컷(음-지)이 함께하게 되는 무의 세계의 능력을 아느냐? 모든 방면에 두루 알고 있는 무의 세계의 능력을 아느냐?

도(공)는 만물을 낳고 기르지만 낳았다고 해서 소유하지 않고, 위하지만 어머니처럼 자랑하지 않고 지배하지 않는데, 이것이 공의 현덕(도의 덕)이라 한다.

해설 ▷▷ 이 장에서는 공의 세계 중 무의 세계의 능력을 설명하고 있다.

나를 하나로 다스리는 정신세계를 분리할 수 있는 무의 세계의 능력을 아느냐?

인간은 정신에 들어온 생각(사고, 영감…)이 마음이라는 필터를 지나 행동으로 빠져나가 하나의 공을 이루고 소멸하며, 이를 주기적으로 반복 운동한다. 정신으로 들어오는 생각은 무의 세계에서 주기적으로 불어주는 바람과 같다. 이것을 인간은 선택의 여지 없이 무조건 받아야 하며, 그 생각들은 자신이 중심을 잡아 판단을 잘해야 후환이 없다. 또한 무의 세계는 인간이 죽으면 그 정신인 혼백(영혼)을 빼앗아가므로 노자는 무의 능력을 아느냐고 묻는 것이다.

오로지 기로써 부드럽게 다스림이 갓난아이와 같이 다스리는 능력을 아느냐?

공의 세계의 다스림은 공의 기로써 다스린다. 공의 기는 갓난아기처럼 물들지 않은 깨끗함(유의 세계로 갓 태어난 아기가 청정淸淨하고 순수純粹한 것을 무의 세계와 비교하여 인용한 것이다)과 평등함으로 유의 세계를 다스리는 것을 아느냐고 묻는 것이다.

공空의 법法의 공空의 기氣

만들어진 공의 세상이 왜 사각형, 오각형, 육각형, 팔각형 등 다른 형태의 세상으로 만들어지지 않고 원형, 즉 '공空'의 형태의 세상으로 만들어졌는가?

이는 다른 형태는 모가 나있기 때문이며, 공空은 모가 없이 원만하게 되돌아오기 때문이다. 만들어진 공의 세상에서 모든 것이 원만하게 살아가라는 의미일 것이다. 이것은 창조된 법(정법定法)이며 '공의 법'이라 할 수 있다. 이런 연유로 우리는 공 안에서 살아가야 하기 때문에 '공의 세상'의 '공의 법'을 알아야 한다.

우리가 믿는 그분은(나름의 종교 안의 신=무의 세계) 어떻게 우리를, 또는 그 많은 사람들을 하나도 빠짐없이 지켜보고 계시는가? 그 행동 하나하나에서 그 하나하나의 생각까지도 어떻게 지켜보시는가? 또한 선한 일은 선한 일대로 악한 일은 악한 일대로 부메랑이 되어 항상 원만하게 되돌아오게 만들어 놓으셨나? 그분이 진짜 항상 지켜보고 계시는가?

숨어서 하면, 누구도 모르게 하면 모르시지 않을까? 귀신도 모르게 하면 안 되는가? 어두운 밤에 몰래하면 안 되는가? 정녕 비밀은 만들 수 없는가?

한마디로 말하면 절대 안 된다. 다 보고 계신다. 0.1초 이하까지도, 자고 있어도, 또한 생명이 경각에 달려 위독해도 숨이 붙어 있는 그때까지 모두 보고 계신다. 또한 머릿속 생각까지도 모두 보고, 느끼고 있다.

그럼 어떻게 보고 계시는가? 한마디로 하면 '공空의 기氣'라 할 수 있다. 다만 '공의 기'는 '공의 기'가 아니지만 이름함이 '공의 기'라 한다. 만들어진 공의 세상은 나름의 법칙, 즉 '공의 법칙'으로 규칙을 정하고 원만히 돌아가는 세상을 위하여, 또한 그 규칙(룰)을 지켜지게 하기 위해서 '공의 기'를 불어넣어 그 룰을 지키게 하는 것이다. 숨이 붙어 있는 그때까지, 또한 죽은 후에도 모두 그 '공의 기'로 인하여 다스려지고 있다.

사람이 죽으면 땅에 묻히든(무덤) 화장火葬을 하든 사람의 몸은 결국 공기로 흡수된다. 그 기氣가 항상 우리를 지켜보고 있는 '공기空氣'이며 0.1초 이하도 우리는 '공기의 눈'에서 벗어나지 못한다.

공기는 몸속까지는 물론이요, 정신까지도 다 본다. 우리는 숨을 쉬지 않고는 죽은 목숨이며, 움직이지 않으면 죽은 목숨과 같다.

결국 '공空의 기氣'가 창조주님의 대리자가 되어 생명을 불어넣어 주기도 하고 생명이 꺼지게도 해주며 항상 지켜보고 지켜주고 있는 것이다. 이런 연유로 종교인은 생활하는 모든 곳이 신을 모시는 곳이라 생각하고 신중하게 행동하여야 한다. 신을 모시는 곳에서만 잘해서는 안 됨을 말하는 것이다.

기 수련, 단전 호흡, 선정에 들어간다는 것 등은 모두 공의 기를 통하여 행하여지며 건강과 깨달음을 얻고자 하는 것이다.

'공기'의 크기는 과학적으로 있다 하나 혼합적이며, 눈에는 보이지 않는다. 이는 우리가 사는 '공의 세상'은 보이는 '유의 세계'와 공기처럼 보이지 않는 '무의 세계'가 함께 공존하는 것을 말한다.

참고로 필자도 정도가 아닌 길(나름의 수, 수단)을 나름대로 쥐도 새도 모르게 한다고 한 일들로 인하여 어려움을 겪는 경험이 많이 있었다. 보이는 '유의 세상'의 사람들에게는 문제가 되지 않았으나 결국 시간이 흘러 그런 수를 쓴 일들로 인하여 혹독한 시련을 맞는 원인이 되었다. 다른 분들도 나름의 이런 경험(견문이나 체험)들을 해 보았을 것이다.

귀신도 모르게 한다고 했는데 결국은 모두 알고 있었다. 사람들은 수단手段을 써서 사람을 속일 수는 있으나 천지天地의 기氣는 절대로 속일 수 없음을 꼭 명심銘心하여야 한다.

공의 기(空氣) (자연지리학 사전)

지구를 둘러싼 대기의 하층 부분에 있는 무색, 투명, 무취의 혼합 기체를 말한다. 화학적 조성은 장소와 그 외의 조건에 따라 다소 다르지만 주로 질소 78.03%, 산소 20.95%로 대부분을 차지하고, 아르곤 0.94%, 이산화탄소 0.05% 및 네온·헬륨·크립톤·크세논 등 소량의 각종 기체를 포함한다. 이렇게 우리는 공기에 의지하여 공 안에서 존재하며 돌아간다.

기氣가 모여 정도가 넘으면 터지게 되어 있으므로 순환을 시켜야 한다.

몸의 기운氣運

만약 내 안에 여러 조건들로 인하여 악 기운들이 쌓여 때가 되면 밖으로 폭발하는데 이때 밖에 있는 사람들은(다른 사람들) 그 악 기운을 받아 피해를 보고, 그 피해는 공의 법칙에 따라 다시 나에게 피해로 돌아온다.

반대로 내 안에 여러 조건들로 인하여 좋은 기운들이 쌓여 때가 되면 밖으로 폭발하는데 이때 밖에 있는 사람들은(다른 사람들) 그 좋은 기운을 받아 덕(이익)을 보고, 그 덕은 공의 법칙에 따라 다시 나에게 이익으로 돌아온다.

"말이 씨가 된다"는 말의 뜻

늘 말하던 것과 무심코 한 말이 실제로 이루어질 수 있으니 말조심하라는 뜻이다. 말대로 된다 생각하면 늘 즐겁기 때문에 이로운 말을 많이 해야 한다. 특히 불길한 말은 아예 입에 담지 않는 게 좋다. 불길한 말은 바로 눈앞에서 당장 이루어질 수도 있기 때문이다.

누구도 모르게 말만 했는데 어떻게 현실로 오묘하고 미묘하게 일어나는 것일까?

이것이 바로 공空의 기氣가 그 말을 듣고 공을 일으키기 때문이다. 긍정은 긍정의 공의 기를 일으키며, 부정은 부정의 공의기를 일으켜 때가 되면 그 일으킨 공이 돌아 자신에게 돌아오기 때문이다.

　자신이 무언가를 이루고자 한다면 우선 혼자서 성공을 위한 독백을 많이 하고 사람들에게도 자주 그 뜻을 전하고 행하면 그 일들을 '공의 기'가 기억하여 엇박자로 '독자성의 공'을 일으켜 서서히 현실로 만들어질 것이다. 또한 단기적으로 일어나지 않으니 시간을 갖고 습관처럼 행하면 그 뜻은 돌아서 올 것이다. 이는 나쁜 일은 나쁜 일로 좋은 일은 좋은 일로 돌아오니 유념하여야 한다.
　좋은 사람 곁에는 좋은 기氣가 있고, 안 좋은 사람 곁에는 안 좋은 기氣가 있다. 이런 연유로 부모님들이 자식들을 위하여 자식들에게 좋은 사람 곁에 있기를 바라는 것이다.
　다만, 진정 무엇이 좋은 기氣인지를 알아야 한다. 무조건 좋은 단체니 학군이니 집안이니 지역이니 하는 것은 좋은 기氣라고 단정할 수 없다.
　그러므로 중요한 것은 본인이, 본인의 자식들이 좋은 기氣를 가지도록 만들고, 만들도록 가르치는 것이 더욱 현명하지 않겠는가?
　그 좋은 기氣를 너에게 베푼다면 이 또한 너에게 덕을 쌓는 것과 같다. 인연의 시작인 인因으로 시작하여 연緣으로, 연緣이 다시 인因으로 계속 돌아가는 원동력은 '공의 기(空氣)'라 할 수 있다.
　참고로 감기, 전염병도 결국은 '공의 기(空氣)' 때문이다. 그 기가 바이러스(병균)를 옮기는 것이다.

<참고> 귀신鬼神과 기신氣神

귀신은 귀신 귀에 귀신 신을 말한다.

기신은 기운 기에 귀신 신을 말한다.

귀신鬼神은 귀신이나 혼백, 혼령, 죽은 사람의 넋 등으로 볼 수 있고, 기신氣神은 항상 나와 함께 공존하므로 기신氣身으로 볼 수 있다. 즉 무형의 기의 몸을 말한다.

기신氣身은 인간들에게 상상 이상의 일들을 오묘하고 미묘하게 일으키므로 귀신과 같다고 할 수 있다.

노자는 있는 듯하다가도 없는 듯하다는 무형의 기의 몸을 말했고, 그 기의 역할은 가히 상상을 할 수 없을 정도로 오묘하고 미묘하게 크다고 말하고 있다.

상상 이상의 사고나 사건이 날 때 "무엇에 씌었네"라고 하는 것도 기의 작용으로 인하여 허상이 보일 때를 말한다. 귀신이나 기신은 나의 행동으로 인하여(원인) 시간이 지나면 후에 나타나는(결과) 것이다. 또한 기의 기운은 육체적 기운은 물론이요, 정신의 기운도 함께 말한다.

닦고(수행), 버리(비움)는 것을 거울처럼(반대로 보임) 오묘하고 미묘하게 일으키는 것을 결점(실수) 없이 행하는 무의 세계의 능력을 아느냐?

공의 세계는 엇박자로 되돌아오기 때문에 노자는 자신이 수행(닦고)하고 비운(버림)다면 거울처럼 오묘하고 미묘하게 착오없이 그 대가가 돌아온다며 그 무의 능력을 아느냐고 묻고 있다.

공의 법칙에 의하여 상기 글은 혼자서 닦고 비우기 때문에 독자성을 적용하여 공의 도형으로 살펴보면 다음과 같다.

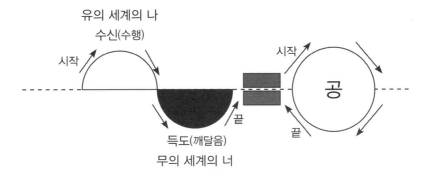

상기 도형에서 수신은 내가 무의 세계의 너를 깨닫기 위해서 독자적인 고행으로 노력을 하므로 그 대가로 엇박자인 무의 세계에서 나에게 득도할 수 있도록 도와준다.

참고로, 자신이 거울 앞에서 오른손을 들고 있으면 반대 편인 거울의 입장에서 보면 왼손을 들고 있는 것을 알 수 있다. 공의 세계는 이와 같다.

백성들을 사랑하고 나라를 다스리는 자를 위하는(도움 주는) 무의 세계의 능력을 아느냐?

공의 세계 중 유의 세계의 엇박자인 무의 세계는 유의 세계에서 덕을 쌓은 사람에게 그 이상의 덕을 주는 능력이 있는데, 그 능력을 아느냐고 묻는 것이다.

참고로 군주가 백성을 사랑하는 것은 상대성이며, 나라를 잘 다스리는 것은 독자성의 공의 법칙을 적용하여 돌아온다.

천(양-하늘)이 열릴 때 암컷(음-지)이 함께하게 하는 무의 세계의 능력을 아느냐?

천과 지는 하나의 공空이며 천天은 양陽이여, 지地는 음陰으로 천이 열리면 자연스럽게 암컷처럼 음을 열리게 하는 무의 세계의 능력을 아느냐고 묻는 것이다.

공의 도형을 살펴보면

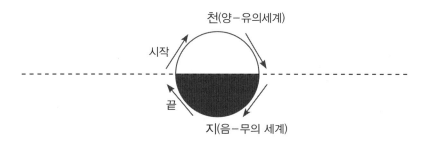

천(양-유의세계)

시작

끝

지(음-무의 세계)

천지의 공의 도형

상기 도형에서 천과 지는 하나의 공이기 때문에 무엇이 먼저인가는 의미가 없다. 다만 노자는 천지는 문짝처럼 하나의 존재임을 표현한 것이다.

모든 방면에 두루 알고 있는 무의 세계의 능력을 아느냐?

앞서 설명한 공의 세계의 공의 기가 0.1초도 필요 없이 억천만억 존재들을 두루 살피고 있는 것을 아느냐고 묻는 것이다.

이는 결국 나를 돌아가게 하는 것도 공의 기이고, 항상 나와 함께하는 것도 공의 기이니, 나의 모든 일거수일투족을 함께하므로 나는 기신과 함께하는 것을 알아야 한다.

누가 나를 지켜보는가? 바로 나와 공존하는 기신氣身이다.

도(공)는 만물을 낳고 기르지만, 낳았다고 해서 소유하지 않고, 위하지만 어머니처럼 자랑하지 않고, 살아가게 하지만 지배하지 않는데, 이것이 공의 현덕(도의 덕)이라 한다.

공의 세계가 우리에게 주는 덕을 현덕이라 설명하고 있다. 노자는 도가 주는 덕을 현덕이라고 했다.

공의 세계가 주는 현덕이란? (제2장 공이 주는 은혜 참조)

생긴 대로…

머리는 있으나 잡념으로 세상의 지혜를 생각하지 못하고,

눈은 있으나 보이는 현상만 보니 참과 진리의 무의 세계를 보지 못하고,

코는 있으나 욕심의 악취만 맡으니 세상의 향기를 맡지 못하고,

입은 있으나 말을 구분 못하니 세상의 고마움을 말하지 못하고,

귀는 있으나 듣는 강도를 조절 못하니 정도의 길을 가지 못한다.

고로, 몸뚱이는 있으나 몸 둘 바를 몰라 올바른 세상을 가지 못한다.

제11장

三十輻共一轂
삼 십 폭 공 일 곡

三十輻共一轂 當其無 有車之用
삼 십 폭 공 일 곡   당 기 무   유 차 지 용

埏埴以爲器 當其無 有器之用
연 식 이 위 기   당 기 무   유 기 지 용

鑿戶牖以爲室 當其無 有室之用
착 호 유 이 위 실   당 기 무   유 실 지 용

故有之以爲利 無之以爲用
고 유 지 이 위 리   무 지 이 위 용

서른 개의 바퀴 살이 하나의 바퀴 통에 모여 있는데, 그 바퀴 통속의 텅 빔(無)에 의하여 수레의 쓰임이 있는 것이다. 진흙을 이겨서 그릇을 만드는데, 그 그릇 안의 텅 빔(無)에 의해서 그릇의 쓰임새가 있는 것이다. 집에 구멍을 뚫어서 창문을 내는데, 그 문틀의 빈 공간(無)으로 인해서 방 안의 쓰임새가 있는 것이다. 그러므로 '있음(有)'의 유익함은 '없음(無)'의 작용에서 나오는 것이다.

해설 ▷▷ 이 장에서는 비어 있는 공에 대하여 설명하고 있다.

공空은 한자로 '비어있다', '없다'의 뜻이며, 또한 둥글다는 뜻이다. 비어있다는 공이 숫자로 표현이 되지 않을 정도로 거대하고, 넓고, 깊고, 높고, 오묘하고 미묘하여 표현할 수 없어 '비어있다, 또는 없다(무한대)'라고 한다.

상기 내용을 좀 더 쉽게 표현한다면 다음과 같다.
(무의 작용, 즉 기의 작용으로 유와 공을 이룸을 설명함)

하나, 사람으로 비유한다면

사람이 숨을 쉬지 않는다면 그 사람의 유(有, 色色)는 있으나 어찌 살아 존재한다고 할 수 있겠는가? 조만간 썩어 문드러져 존재도 사라진다. 그러나 사람이 숨을 쉰다면(공의 기氣(무형)가 들어감) 그 사람은 살아 존재하고 있는 것이다. 그러므로 눈에 보이는 사람(유)과 눈에 보이지 않는 공의 기(무)가 사람이라는 하나의 공을 이루고 존재하는 것이다.

공의 도형으로 살펴보면

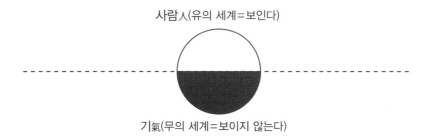

사람人(유의 세계=보인다)

기氣(무의 세계=보이지 않는다)

사람의 공의 도형

만약 상기 도형에서 사람에게 기가 없으면 반원을 이루어 유의 세계의 사람도 없어지게 되어 반원도 사라져 완전이 존재하지 않고 소멸된다.

둘, 가정집에 있는 조명등이나 전열 기구에 비유하면

조명등이 설치되어 있는 상태로는 밤에 불을 밝힐 수 없다. 눈에 보이게 천정에 달려 있으니 유(有, 색色)는 있으나 그 역할을 할 수가 없으니 무용지물이 된다. 그러나 여기에 눈에 보이지 않는 기氣를 넣어준다면 조명등에 불빛이 발산되어 어두운 주위를 밝게 비춘다. 그러므로 조명등의 역할을 다하는 것이다. (참고로 조명등에 불빛을 일으키는 것은 발전기가 돌아 발생하는 기 때문인데 이것을 우리는 전기電氣라 한다.)

그러므로 눈에 보이는 조명등(유)과 눈에 보이지 않는 기氣(무)가 하나의 공을 이루어 존재하는 것이다.

공의 도형으로 살펴보면

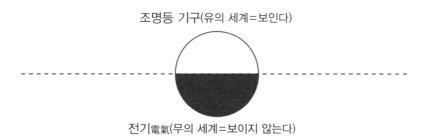

조명등 기구(유의 세계=보인다)

전기電氣(무의 세계=보이지 않는다)

사람의 공의 도형

만약 상기 도형에서 조명등 기구에 전기가 없으면 반원을 이루어 존재하지 않고 조명등 기구도 필요 없게 된다.

이와 같이 콘센트도 기가 들어가지 않으면 콘센트에 어떠한 전열 기구를 꽂아도 쓸 수가 없다. 그러므로 '있음(有)'의 유익함은 '없음(無)', 즉 공의 기(空氣)의 작용에서 나오는 것이다.

천지의 모든 만물에 기가 들어가지 않으면 그 작용과 용도가 소멸된다.

참고로, 전기는 눈에 보이지 않으니(무색, 무음, 무향, 무미) 전문적으로 배우지 않은 사람이나 어슬픈 재주나 나태한 자세로 함부로 다루다간 기氣로 인하여 피해를 볼 수 있으니 조심하여야 한다.

제12장

五色令人目盲
오 색 영 인 목 맹

五色令人目盲 五音令人耳聾 五味令人口爽
오 색 영 인 목 맹 오 음 영 인 이 농 오 미 영 인 구 상

馳騁畋獵令人心發狂　難得之貨令人行妨
치 빙 전 협 영 인 심 발 광 　 난 득 지 화 영 인 행 방

是以聖人爲腹不爲目 故去彼取此
시 이 성 인 위 복 불 위 목 고 거 피 취 차

오색은 사람의 눈을 눈을 멀게 하고, 오음은 사람의 귀를 멀게 하며, 오미는 사람의 입맛을 상하게 한다. 말을 타고 달리면서 사냥하는 것 같은 놀이는 사람의 마음을 극도로 즐겁게 하는 것이고, 얻기 어려운 재화는 사람의 올바른 행실을 어지럽게 한다. 그래서 성인은 인간의 허기진 배나 마음만 채우지 견물들을 채우는 욕구는 갖지 않는다. 고로 성인은 유의 세계의 락(오색, 오음, 오미, 락과 탐욕)을 취하지 않는다.

해설 ▷▷ 이 장에서는 유의 세계 중 인간의 감각에 대하여 설명하고 이에 반한 성인의 행동을 설명하고 있다. (오색, 오음, 오미는 제1장의 오온五蘊을 참고)

공의 이치로 보면 즐거움은 때가 되면 괴로움으로 돌아온다는 공의 법칙을 말하는 것이다. 그러므로 성인은 엇박자로 돌아오는 공의 법칙을 깨달음으로 인하여 치우치는 행복을 억제하고 비우는 것이다.

성인이 행동을 공의 도형으로 살펴보면

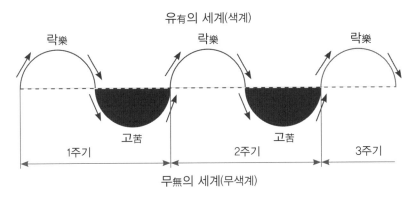

성인이 행동하는 공의 도형

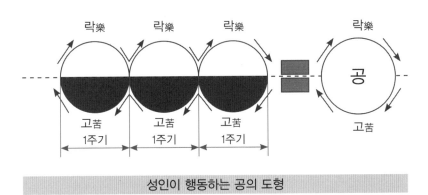

성인이 행동하는 공의 도형

유교의 중용에서는 군자의 도를 말하는데 군자의 도는 상기의 도형처럼 행동하는 것을 말한다.

반대로 소인의 행동을 공의 도형으로 살펴보면

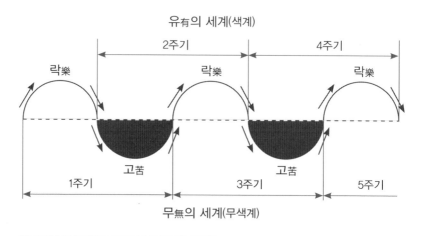

소인이 행동하는 공의 도형

상기 도형에서 1주기는 공을 이루지만 중간에서 다음 주기가 시작되므로 공은 이루지만 꼬리를 계속 달고 나가기 때문에 완전한 공을 이루지 못하는 형태라 할 수 있다. 이렇게 공을 이루면 만사가 즐거움도 있지만 돌아오는 괴로움을 한층 괴롭게 느낀다.

"나의 즐거움을 찾는 것은 당연한 것이지만 그 정도를 넘어 극락을 간다면 시간이 지나 지옥을 맛보게 될 것이다."

예를 들어 죄인이 너에게 피해를 주고 법원의 판정으로 교도소에서 죄값을 받고 있다고 치면 그 형량이 다하면 죄와 벌은 공을 이룬다. 그러나 소인은 상기 도형에서 그 꼬리를 완전히 자르지 못함으로 인하여 출소 후 다시 같은 죄를 반복하게 되는 것이다. 이렇게 다람쥐 쳇바퀴 돌듯 하며 인생을 덧없이 살다 간다.

상기의 소인의 공을 벗어나기는 어찌 쉽다 할 수 있겠으나 한 인간으로 태어나 못할 것 또한 없다. 의식하면 가능하다.

제13장

寵辱若驚

총 욕 약 경

寵辱若驚 貴大患若身
총 욕 약 경 귀 대 환 약 신

何謂寵辱若驚 寵爲下 得之若驚 失之若驚 是謂寵辱若驚
하 위 총 욕 약 경 총 위 하 득 지 약 경 실 지 약 경 시 위 총 욕 약 경

何謂貴大患若身 吾所以有大患者 爲吾有身 及吾無身 吾有何患
하 위 귀 대 환 약 신 오 소 이 유 대 환 자 위 오 유 신 급 오 무 신 오 유 하 환

故貴以身爲天下 若可寄天下 愛以身爲天下 若可託天下
고 귀 이 신 위 천 하 약 가 기 천 하 애 이 신 위 천 하 약 가 탁 천 하

총애(사랑받는 것)와 모욕(버림 받는 것)을 경계해야 한다. 큰 우환(시
련)은 내 몸과 같이 귀하다.

'총애와 모욕을 경계하라'는 무엇을 의미하는 것인가? 총애를 받는
것을 자만해서는 안 된다. 총애를 받아도 경계하고, 총애를 잃어도
경계하며, 총애를 받거나 모욕을 받는 것을 모두 경계해야 한다.

'큰 우환은 내 몸과 같이 귀하다'는 무엇을 의미하는 것인가? 대환
이 오는 것은 나라는 존재가 있기 때문이며, 내 몸을 위한다면 내
무아에게 영향을 미쳐 결국 내가 근심을 하게 된다. 고로 내 몸과
같이 천하를 귀하게 여긴다면 천하가 도와 줄 것이며, 내 몸과 같

이 천하를 사랑한다면 천하에 자신을 맡기는 것과 같다.

해설 ▷▷ 이 장에서도 엇박자로 돌아오는 공의 순리를 말한다. 또한 도(공)를 귀하게 대한다면 자신도 귀하게 받는 것을 말한다.

총애를 받으면 자만하게 되고 자만하면 거만해지는 것이 사람이기 때문에 공의 법칙에서 보면 후일 시간이 지나면 버림을 받게 된다.

모욕을 당하면 분노하고 격분하여 자신의 이성을 잃어버리고 무모한 행동으로 타인에게 피해를 주게 되며 그 피해가 다시 자신에게 되돌아오기 때문에 노자는 총애와 모욕을 모두 경계하고 조심하라고 하였다. 결국 둘 다 '안 좋게 돌아가는 공'이라 할 수 있다.

자만自慢으로 돌아오는 공의 법을 알아보면

오만傲慢, 기만欺瞞, 교만驕慢, 자만自慢, 거만巨慢 등의 공空

현실에서 너무 많은 사람들이 부리는 자신감 있는 행동이라 할 수 있다. 그런 자신감을 갖는 것은 자신의 노력의 결과이거나 타고난 안에서 누리는 의식과 무의식 세계라 할 수 있다. 다만 그 정도를 넘어 극을 이루게 되면 돌아오는 엇박자의 극이 자신을 괴로운 고로 돌아오게 만든다.

이런 자세는 깨달음을 얻지 못한 결과이며, 독자성과 이런 행동으로 너와의 상대성이 모두 작용을 한다. '만'은 자신만의 가득참, 자신만의 최정상을 말한다. 즉 공의 법은 자만하는 당사자의 행복으로 인식한다.

　세상 이치가 정상에 도달하면 다음은 내리막길밖에 없다.

　정도를 넘은 오만, 기만, 교만, 자만이 넘치는 자는 결국 조만간 내리막길을 달린다. 거만함은 실패를 경험하며 겸허함을 깨우치게 한다. 즉 공의 법은 당사자의 괴로운 고로 인식한다.

　또한, 교활한 자는 수數가 많아 더욱 악질이며 교묘하게 조심스럽게 행동하므로 쉽게 일반 대중에게는 표출이 잘 안 된다. 즉 돌아오는 주기가 길다고 할 수 있다. 다만 돌아올 때는 몰아서 함께 와서 자신을 파멸시킬 것이다.

　공의 도형으로 살펴보면

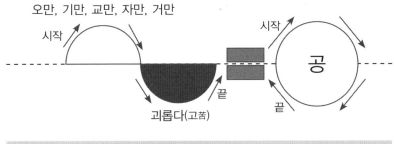

자만의 공의 도형

　자만, 거만은 내가 너에게 행하는 것이고 시간이 지나면 공의 법칙에 의하여 너가 나에게 자만, 거만하게 행하므로 결국 내가 보는 입장에서 모욕을 느끼는 것이 된다. 그러므로 나는 괴로운 것이 된다.

"운명은 순간이다" 운명의 공

죽고 사는 것은 순간이지만 그래도 조심한다면 그 순간을 벗어날 수 있다. 천재지변은 세상(공의 세계=무의 세계)의 뜻이기에 할 수 없지만, 사람이 만든 순간은 피할 수 있다.

특히 돌아가는 것과 땅에서 벗어날 때 조심하여야 한다.

(이는 돌아가는 세상 이치 때문이며, 땅이 근본 기준이기 때문이다.)

돌아가는 일

운전할 때 (자만심, 과시, 음주, 졸음, 조급함, 핸드폰 사용…): 돌아가는 중장비, 중기 차량 등의 주위에 있는 경우와 차량에서 승하차 시

모터 관련 일(전동 공구 사용, 프레스 작업, 콘베어 작업…)

전기 관련 일(전기 활선 공사, 전기 조작 관련…): 발전기가 돌아 전기를 발생하기 때문이다. 이외에도 회전하는 것에 관련된 일은 조심하여야 한다.

땅에서 벗어난 일

사다리 작업, 비계 작업, 의자나 책상 위 작업, 그 외 땅에서 벗어난 작업이나 놀이(땅은 근본 기준이기 때문이다.)

작은 근심과 걱정은 우환을 없게 한다. 이를 무시하면 사고는 순간이기 때문에 사고 후 큰 근심으로 자신의 몸을 상하게 하고, 나아가 가정까지 위태롭게 한다. 이와 관련된 일을 할 때 작은 근심만 하면 무탈할 수 있다. 안전에서는 이 정도 하면 되겠지라는 것은 없다. 누구도 아닌 자신을 위한 길이기 때문이다.

제14장

視之不見
시 지 불 견

視之不見 名曰夷, 聽之不聞 名曰希, 搏之不得 名曰微
시지불견 명왈이 청지불문 명왈희 박지불득 명왈미

此三者 不可致詰 故混而爲一
차삼자 불가치힐 고혼이위일

其上不皦 其下不昧 繩繩不可名 復歸於無物
기상불교 기하불매 승승불가명 복귀어무물

是謂無狀之狀 無物之象 是謂惚恍
시이무상지상 무물지상 시위홀황

迎之不見其首 隨之不見其後
영지불견기수 수지불견기후

執古之道 以御今之有 能知古始 是謂道紀.
집고지도 이어금지유 능지고시 시위도기

보아도 보이지 않아 '이夷'라고 하며, 들어도 들리지 않아 '희希'라고 하며, 만져도 잡히지 않아 '미微'라고 한다. 이 세 가지의 형상은 규명할 수 없으며, 고로 처음부터 하나로 혼합된 것이라 할 수 있다. 그것은 위[上]라고 밝은 것이 아니며, 아래[下]라고 어둡지 않다. 끝없이 이어지므로 이름을 붙일 수도 없고, 결국에는 무물로 돌아간다. 이것은 형상이 있는 것 같지만 없고, 모양이 없는 형상이라 할 수 있다. 그러므로 이를 황홀(오묘하고 미묘하다)이라고 한다.

해설 ▷▷ 이 장에서도 돌아가는 공의 세계를 설명한다.

불교의 반야심경 내용 중 다음과 같은 내용들이 있는데 이 내용이 모두 노자가 말하는 도, 즉 공이라 할 수 있다.

舍利子 是諸法空相 不生不滅 不垢不淨 不增不減 是故
사 리 자 시 제 법 공 상 불 생 불 멸 불 구 부 정 부 증 불 감 시 고

空中無色 無受想行識 無眼耳鼻舌身意 無色聲香味觸法
공 중 무 색 무 수 상 행 식 무 안 이 비 설 신 의 무 색 성 향 미 촉 법

無眼界 乃至 無意識界 無無明 亦無無明盡 乃至 無老死
무 안 계 내 지 무 의 식 계 무 무 명 역 무 무 명 진 내 지 무 노 사

亦無老死盡 無苦集滅道 無智亦無得
역 무 노 사 진 무 고 집 멸 도 무 지 역 무 득

사리자야 이 모든 법의 공의 모양은 나지도 않고 없어지지도 않으며, 더럽지도 않고 깨끗하지도 않으며, 늘지도 않고 줄지도 않는다. 그러므로 공 안에 물질이 없으며 의식이나 생각들도 없다. 눈, 귀, 코, 혀, 몸, 뜻도 없으며, 보는 것, 소리, 냄새, 맛, 피부에 닿는 느낌, 질서도 없으며, 눈의 경계도 없고, 의식의 경계까지도 없으며, 무명도 없고, 무명의 끝도 없다. 늙고 죽음도 없고, 늙고 죽음의 끝도 역시 없으며, 피로움과 피로움을 일으키는 원인과 피로움을 멸하

는 것과 피로움에서 완전히 벗어나는 길도 없고, 지혜가 없는 이유로 또한 얻을 것도 없다.

인간이 살아가면서 겪는 생사고락은 모두 만들어진 공의 법칙 때문이며 이를 깨닫지 못하면 계속 돌고도는 생사고락을 계속 체험하여야 한다.

노자가 말하는 도라는 공의 세계는, 석가모니가 득도 후 고집멸도苦集滅道의 사성제四聖諦를 설할 때 그 중 인간의 괴로운 고를 일으키는 원인이 집集에 있다고 하였는데, 그 집이 바로 창조된 공에 있는 것이라고 말한다. 이런 연유로 그 공을 깨닫고 멸하는 방법을 행하여 도에 이르러야 해탈할 수 있다고 한다.

공空의 세계를 도형으로 설명하면

공의 세계를 부처님은 삼계三界, 즉 세 개의 세계라 말씀하셨다. 불교의 세계관으로 3개의 세계(삼계三界)가 있는 것을 말한다. 하나는 욕계欲界, 하나는 색계色界, 하나는 무색계無色界가 있다.

다만 노자는 이 세계를 모두 도라고 표현하였다. 기존의 불교 책들에서는 삼계에 대하여 여러 가지 설명이 있다. 이 책에서 말하는 삼계를 공의 도형으로 살펴보면 다음과 같다.

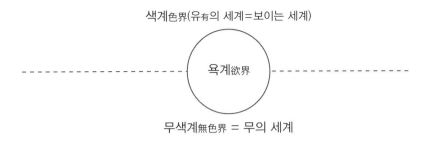

색계色界(유有의 세계＝보이는 세계)

욕계欲界

무색계無色界 ＝ 무의 세계

삼계의 공의 도형

상기 도형에서와 같이 욕계 자체가 공의 세계라 할 수 있고, 그 안에 인간이 살고 있는 우주 태양계의 지구도 있는 유의 세계가 있으며 또한 유의 세계와 공존하는 눈에 보이지 않는 무의 세계도 있다.

사람이 죽어서 아비지옥을 가기를 바라는 사람은 아무도 없을 것이다. 육도윤회 중 인간계 안에서도 천국과 같은 삶이 있을 것이고, 지옥보다 더한 괴로운 삶도 있을 것이다. 이런 연유로 누구나 천국이나 천당을 가기를 바라는 것은 당연한 것이라 할 수 있다. 다만 죽어서 천당 간다는 것 또한 욕심이 아니고 무엇이겠는가? 또한 천당이나 천국을 간다 하여도 그곳 또한 공 안의 세계가 아니고 무엇인가? 그러므로 공의 세계 그 자체가 욕계欲界(욕심의 세계)라 할 수 있다. 이런 연유로 살아생전에 원만한 공을 이루면 그것이 천국이 될 것이다. 이 원만한 공을 이루기 위해서는 공空을 알아야 한다.

제15장

古之善爲士者
고 지 선 위 사 자

古之善爲士者 微妙玄通 深不可識 夫唯不可識 故强爲之容
고 지 선 위 사 자 미 묘 현 통 심 불 가 식 부 유 불 가 식 고 강 위 지 용

豫兮若冬涉川, 猶兮若畏四隣, 儼兮其若容,
예 혜 약 동 섭 천　유 혜 약 외 사 린　엄 혜 기 약 용

渙兮若氷之將釋, 敦兮其若樸, 曠兮其若谷, 混兮其若濁
환 혜 약 빙 지 장 석　돈 혜 기 약 박　광 혜 기 약 곡　혼 혜 기 약 탁

孰能濁以靜之徐淸, 孰能安以久動之徐生
숙 능 탁 이 정 지 서 청　숙 능 안 이 구 동 지 서 생

保此道者 不欲盈 夫唯不盈 故能蔽不新成
보 차 도 자 불 욕 영　부 유 불 영　고 능 폐 불 신 성

옛날에 도를 터득한 자는 오묘하고 미묘함에 통달하여 그 심오함을 헤아리기 어렵다. 오직 헤아릴 수 없으니 억지로 표현하자면 그 내용은 다음과 같다.

신중하기가 겨울에 강을 건너는 듯하고, 조심하는 모습이 사방의 이웃들을 두려워하는 듯하고, 의젓함이 손님과 같다. 융화와 친함은 얼음이 녹는 듯하고, 돈후하고 순박함은 다듬지 않은 통나무 같다. 광할함은 깊은 계곡 같고, 섞어 혼탁한 물과 같다.

누가 혼탁한 물을 고요히 안정시켜 맑아지게 할 수 있는가? 누가 평온함을 움직여 생기를 일으킬 수 있을까?

도를 깨달은 사람은 채우려고 하지 않는다. 채우려고 하지 않기에 고로 새로 거듭날 수 있는 것이다.

해설 ▷▷ 이 장에서는 공을 깨달은 사람들, 즉 도를 이룬 사람들의 행실을 말한다. 즉 노자와 같이 깨달은 사람들의 행실을 말하고 있다.

공의 세계를 깨달은 사람은 천지의 무서움을 알기 때문에 사람이 있거나 없거나 삼가고 조심한다. 이는 누가 있든 없든 자신이 행한 행실이 오묘하고 미묘하게 시간이 지나면 돌아오는 공의 법칙 때문이다. 앞서 설명했듯이 공의 기가 들고 행동한 것에 대하여 엇박자로 돌아오게 만들기 때문이다. 사람은 속여도 공의 기는 기신氣神이 되어 있으므로 절대 속일 수가 없다.

중용 1장 2절에 보면 다음과 같은 문장이 있다.

道也者 不可須臾離也, 可離, 非道也 是故君子戒愼乎
도 야 자 불 가 수 유 리 야　　가 리　비 도 야 시 고 군 자 계 신 호

其所不睹, 恐懼乎其所不聞
기 소 불 도　　공 구 호 기 소 불 문

도라는 것은 잠시라도 떠날 수 없는 것이고, 만약 떠날 수 있는 것이면 그것은 도가 아니다. 이런 연유로 군자는 사람이 없어도 항상 조심하고 삼가며, 듣는 사람이 없어도 두려워하고 경계한다.

득도자의 행실의 공의 도형

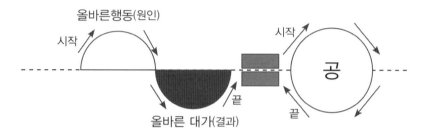

득도자의 행실의 공의 도형

상기 도형에서와 같이 만약 사람이 행동을 잘못해 너에게 피해를 주게 되면 시간이 지나면 너가 나에게 피해를 주는 결과를 가져오게 된다. 이런 이치를 깨달은 득도자는 반대로 너에게 덕을 주는 행동을 행하여 시간이 지나면 반대로 너가 나에게 덕을 주므로 자신이 볼 때는 복을 받게 되는 행실을 하는 것이다. 또한 득도자는 너에게 피해를 주는 행실을 삼가고 조심하는 것이다.

도를 깨달은 사람은 채우려고 하지 않는다.

채우려고 하지 않기에 고로 새로 거듭날 수 있는 것이다.

이 내용은 득도자가 채우지 않아야 새로 채울 수 있음을 설명하는데 이는 "비우면 저절로 채워지게 만들어진 불변의 공의 이치

때문이며, 이를 공의 도형으로 살펴보면,

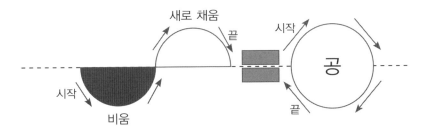

채움과 비움의 공의 도형

위의 내용과 비슷한 소유와 무소유의 공의 도형을 살펴보면

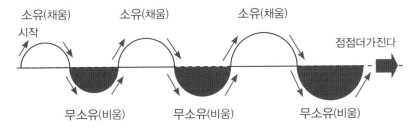

소유와 무소유의 공의 도형

상기 도형에서와 같이 소유(채운 것)를 무소유(비우는 것)하면 다시 소유(채움)하게 되고 반복한다면 소유가 점점 더 많아지게 된다. 다만 무소유의 비움은 가진 것으로 너를 위하여 덕(양덕)을 쌓는 것을 말한다.

"성인은 돌아올 앞날을 예견하고 행동하는 것이다."

제16장

致虛極
치 허 극

致虛極 守靜篤
치 허 극 수 정 독

萬物竝作 吾以觀復 夫物芸芸 各復歸其根
만 물 병 작 오 이 관 복 부 물 운 운 각 복 귀 기 근

歸根曰靜 是謂復命 復命曰常 知常曰明
귀 근 왈 정 시 위 복 명 복 명 왈 상 지 상 왈 명

不知常 妄作凶 知常容 容乃公 公乃全 全乃天 天乃道 道乃久
부 지 상 망 작 흉 지 상 용 용 내 공 공 내 전 전 내 천 천 내 도 도 내 구

沒身不殆.
몰 신 불 태

도의 극은 비어 있고, 조용하고 단단하게 지키고 있다. 만물이 나란히 성장하다가 근본으로 돌아가는 것을 나는 안다. 만물이 무성하지만 각자 그 뿌리로 돌아간다.

근본으로 돌아가는 것을 고요함이라 한다. 이것은 천명에 이른다. 천명의 회복은 항상 일정(영원)하며, 항상 일정함은 밝음이다.

항상 하지 못하면 헛되고 흉한 일을 만든다. 항상 일정함은 모든 것을 안을 수 있으며, 이는 공평하고 공평함은 온전하게 되고, 온

전함은 하늘의 뜻을 알고 하늘의 뜻을 따르는 것이 도에 이르는 것이며, 도에 이르면 오래 무탈하며 자신도 위태로움에 빠지지 않는다.

해설 ▷▷ 이 장에서도 비어있는 공에 대하여 설명하고 있으며 공은 시간이 지나면 무조건 돌아온다는 것을 설명한다. 공의 이치를 깨닫는다면 자신이 무탈할 수 있다고 한다.

자신이 행한 일에 대하여 항상 공을 이루는 것은 밝음이다. 일정함은 공평하고 공정하여야 하며, 이는 자신을 온전하게 만드는 공의 법칙 때문이다. 이렇게 행하여야 자신이 위태롭지 않고 무탈하다고 말한다.

"아무리 깨달음을 얻은 성인이라고 해도 공을 행하지 않으면 이 법칙에서 벗어날 수 없다"

'유종의 미'란 말이 있다. 이는 자신이 한 일에 대하여 마무리를 할 때 깨끗하고 아름답게 하라는 뜻으로 이 또한 공을 이루고 소멸시켜야 함을 가르치는 글이라 할 수 있다.

만물이 성장하다가 근본으로 돌아가는 것을 공의 도형으로 살펴보면

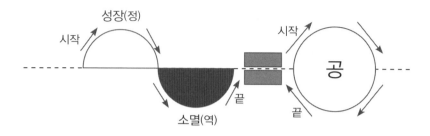

만물이 공을 이루는 공의 도형

상기 도형처럼 노자는 항상 돌아오는 것을 정이라 하며, 이것은 천명이라 하여 항상 일정하다고 설명하고, 일정한 것을 깨닫는 것이 밝음이라 한다.

이를 깨닫지 못하면 자신이 온전하지 못하고 위태로울 수 있다고 설명한다.

돌아오는 도를 '사필귀정事必歸正'의 공空으로 표현한다면

사事 – 일 사事 자로 인간이 먹고살기 위하여 행하는 모든 일을 말함

필必 – 반드시 필必 자로 여기서는 '공의 이치'로 보며 이것은 정定(정할 정)해져 있음을 말함

귀歸 – 돌아올 귀歸 자로 자신이 먹고살기 위해서 행한 모든일이 돌아온다는 것을 말함

정正 – 바를 정正 자로 자신이 먹고살기 위하여 행한 일이 바르게 돌아온다는 것을 말함

전체적인 해석은 내가 먹고살기 위하여 행한 모든 일은 그 일

이 좋은 일로 먹고살든 또는 나쁜 일로 먹고살든 이 행한 모든 일들은 '공의 법'으로 보면 반드시 돌아오는데(이것은 정해져 있기 때문에 불변이다) 나쁜 일은 나쁜 일대로 좋은 일은 좋은 일대로 나에게 바르고 정확하게 되돌아오는 것을 말한다. 결국 좋은 일을 했으면 좋은 일로 돌아오고, 나쁜 일을 했으면 나쁜 일로 반드시 돌아온다는 뜻이다.

'사필귀정'을 공의 도형으로 살펴보면

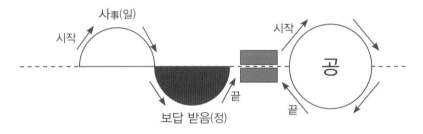

사事(일)

시작

시작

공

보답 받음(정)

끝

끝

사필귀정의 공의 도형

상기의 사필귀정과 같이 공空은 반드시 돌아오니 그 복福과 화禍는 자신이 만드는 것이며, 자신이 원인이다.

太上 下知有之
태 상 하 지 유 지

太上 下知有之 其次 親而譽之 其次畏之 其次侮之
태상 하지유지 기차 친이예지 기차외지 기차모지

信不足焉 有不信焉 悠兮其貴言 功成事遂 百姓皆謂我自然
신부족언 유불신언 유혜기귀언 공성사수 백성개위아자연

천자(태상)의 도는, 최상은 백성들이 편안함으로 존재하는 줄만 알고, 그 다음은 친밀하게 느끼는 것이며, 그 다음은 두려워하며, 그 다음은 무시해 버린다.
믿음이 부족하여 그를 믿지 않기 때문이다. 천자는 여유롭게 말을 귀하게 하며, 일이 성사된 후에는 백성들을 공치사하며 자연과 같이 자신을 낮춘다.

해설 ▷▷ 이 장에서는 천자(군주)의 자질에 따라 천자와 백성 간의 관계를 설명한다. 다르게 표현하면 정치하는 사람과 백성들 사이에는 정치하는 사람의 공의 크기(그릇)에 따라 백성들의 삶이 달라진다는 것을 설명한다.

군주나 지도자가 어떻게 해야 백성들로부터 신임과 존경을 받는가? 정치나 사업하는 사람이 어떻게 해야 신임과 존경을 받는가?

한마디로 말하면 덕을 많이 쌓아야 신임과 존경을 받는다.

사례를 들어 존경을 받고 있는 분들을 살펴보자.

역사에 남는 위인偉人들의 공

역사에 남는 훌륭한 위인들은 모두 많은 대중의 어려움에 도움을 주는 과정과 결과를 이루었다. 즉 많은 대중(백성)에게 덕德을 베풀었다.

너에게 덕德을 베푼 연유로 명성이 불멸(공空에서 장수長壽)을 이루는 것이다. 그 또한 그 위인의 복福이 아니겠는가?

군주, 위인이 백성(대중)에게 덕을 베품(다덕多德−대덕大德)

군주(위인)
대덕 시작   대덕 끝

백성   분멸 끝   분멸 시작

백성(대중)이 군주, 위인에게 덕을 베품(다덕多德−다복多福)

위인들의 공의 도형

이런 연유로 위인들은 너(많은 대중)에게 덕을 베풂으로 인하여 '공의 이치'에 따라 때가 되어 자신에게 많은 복으로 되돌아오니 그 복이 너무 많아 죽은 후에도 그 명(名, 命)이 남아 있게 된다. 반대로 많은 사람들에게 피해를 주었다면 위인과 반대로 불명예를 죽은 후에도 받을 것이다.

동서양을 넘어선 위인들의 전기를 학교 수업 시간이나 도서관, 서점 등에서 많이 볼 수 있으며 진열도 되어 있다. 위인전을 읽을 때에는 그 위인들이 인류(너)를 위해 어떤 식으로 얼마나 덕(이익)을 주었는지 그 깊이를 읽으면서 깨달아야 한다. 그래야 자신도 배우는 것이 있지 않겠는가? 또한 자신에 맞게 길을 찾으면 될 것이다.

자신의 재능을 찾는 것이 우선이며 그 재능을 갈고 닦는 과정을 거쳐 이후에 그 재능에 맞게 덕을 베푸는 방법을 찾는다면 누구나 위인이 될 수 있을 것이다.

위인들의 전기傳記 안에는 인류의 발전을 위하여 이룬 업적들이 나오는데, 그것이 너에게(당시 사람들이거나 후손들) 덕을 준 결과임을 알아야 한다. 많은 사람들이 위인전기를 읽고 인생의 지침으로 삼거나 진로를 선택하는 기준으로 삼는 것 또한 자신의 인생에 공을 만들고 이루고자 함이 아니겠는가?

'나는 너를 위해 무엇을 할 것인가? 이 땅의 모든 사람들을 위해 나는 무엇을 할 것인가?'를 화두로 둔다면 이는 공을 일으킨 것이며, 위인들처럼 위인의 길로 가고 있는 것이다.

독서는 자신이 일으켜야 할 공空을 얻기 위한 과정過程이다. 이는 자신을 위한 것이 아닌 너를 위한 것임을 알아야 하고 그 과정들이 결국 나를 위한 것임을 알게 된다.

현재 민주 국가에서는 개인주의가 팽배하지만 누구나 어떻게 많은 사람에게 덕을 쌓느냐에 따라 위인들과 같이 훌륭한 불멸의 사람이 될 수 있는 평등한 세상이다. 덕을 쌓으면 오묘하고 미묘한 기가 자신을 인도하여 줄 것이다.

언론, 미디어(유튜브)에서 도덕 문제, 법적 문제, 정치 문제가 자주 나오고, 국민들이 이런 문제들을 걱정하며 데모나 시위 등을 하는 것은 혼란스러운 시국임을 암시하는 것이다. 노자는 이런 정치를 하는 군주나 지도자는 결국 백성(대중)들로부터 최악의 경우 무시를 받게 된다고 하였다. 무시의 대가는 퇴출이 아니겠는가?

공휴일의 공

예시1) 삼일절 – 일본의 식민 통치에 항거, 독립 선언문을 발표하여 세계만방에 알린 날을(1919년 3월 1일) 기념하는 날이다.

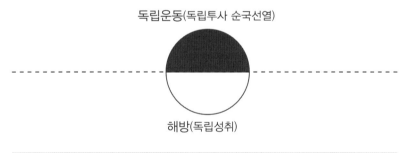

독립운동(독립투사 순국선열)

해방(독립성취)

삼일절의 공의 도형

삼일절(3.1)이나 **광복절**(8.15)은 일본의 식민 통치에서 순국선열들의 사투로 인하여 해방이 되어 하나의 공을 이루었다.

현충일(6.6)은 6·25전쟁 시 나라를 위하여 싸우다 숨진 장병과 순국선열들의 충성을 기리기 위하여 정한 날이다. 그분들의 노력으로 대한민국이 존재하여 하나의 공을 이루었다.

개천절(10.3)은 우리나라의 건국을 기념하기 위하여 제정한 국경일이다. 기원전 2333년에 단군이 왕검성에 도읍을 정하고 나라이름을 조선朝鮮이라 짓고 즉위한 날로, 10월 3일이다. 단군의 노력으로 우리나라가 존재하여 하나의 공을 이루었다.

한글날(10.9)는 세종과 선비들이 국민(백성)들을 위하여 노력한 결과 위대한 한글을 만들어 하나의 공을 이루었다. 후손들이 공휴일로 만들어 그분들을 기리는 것을 고맙게 생각해야 한다.

석가탄신일(음4.8)이나 **성탄절**(12.25)은 성인들의 가르침과 자비, 사랑, 자애심을 가르쳐주신 분들의 탄생을 기념하는 날로 그분들과 신도가 하나의 공을 이루었다. 신도들은 그분들의 가르침을 바르게 배워 행동하여야 한다.

공을 크게 만드는 법(도道를 이루는 법) - 불변의 도

공은 하루 만에 커지지 않으니 많은 시간을 인내로 증진하여야 한다. (천성이 되도록 노력을 할 때까지 해보아야 한다.)

하나, 만사를 크게 생각해야 한다.

큰 일과 작은 일을 구분할 줄 알아야 한다.

나무나 숲을 보는 것도 알아야 하지만 산을 보는 마음의 눈을 갖도록 노력 증진하여야 한다. (정치인은 국가의 미래 발전을 위하여 어떡하면 국민(사람)들이 바르게 살게 할 수 있을까를 생각해야 하고 솔선수범하여야 한다.)

이는 대도무문과 정도의 길[正道]을 말한다.

둘, 만사를 너그럽게 생각해야 한다.

사물을 정확히 보고 행동해야 조급함이 생기지 않으며 조급함으로 '번뇌'를 일으키지 않아야 한다. (정치인은 평소 바른 언행으로 자신을 수신하여야 자신의 함정에 빠지지 않는다.)

이는 수신修身의 길을 말한다.

셋, 만사를 베푸는 데 인색함이 없어야 한다.

'공의 이치'는 너에게 덕을 쌓으면 나에게 복으로 돌아오기 때문이다. (정치인은 어떡하면 국민(사람)들이 행복하게 살 수 있을까를 생각해야 한다.)

이는 덕을 베푸는 길(德道)의 길이다.

이렇게 내가 공을 키워야 하는 이유는 내 자신이 살아가면서 세상의 진리는 물론이요, 살다 가는 이유와 살면서 느끼는 행복이 남다르게 가중되는 것을 느끼기 위해서이다. 공을 키우는 일은 누구도 아닌 자신을 위해서이다.

기업들의 공

기업들의 공을 이루는 크기에 따라 규모가 달라진다.

공의 도형으로 살펴보면

이와 같이 기업이 상대하는 너의 크기에 따라 공의 크기가 달라진다. 현실에서 너에게 물건을 많이 팔면 대기업이 되는 것이고, 너에게 물건을 적게 팔면 소기업 또는 소상공인이라 하는 것이다.

사업事業의 '공空의 이치理致'

너를 위한 사업은 '공의 이치'에 따라 엇박자인 나를 위한 사업이 되고, 나를 위한 사업은 '공의 이치'에 따라 엇박자인 너를 위한 사업이 된다. 이것에서 사업의 승패가 달라진다.

제18장

大道廢
대 도 폐

大道廢 有仁義 慧智出 有大僞 六親不和 有孝慈
대 도 폐 유 인 의 혜 지 출 유 대 위 육 친 불 화 유 효 자

國家昏亂 有忠臣
국 가 혼 란 유 충 신

대도가 무너지니 인의가 생기고, 지혜가 없으면 큰 위선이 생긴다. 가정이 불화하니 효도와 사랑이 생기고, 국가가 혼란해지니 충신이 생겨났다.

해설 ▷▷ 이 장의 내용은 공의 순리에 의하여 생기는 변화들을 말한다.

대도가 무너지니 엇박자인 인의가 생겨 하나의 공을 이룬다. 그런 다음 도가 생기게 하려면 인의를 버려야 한다. 즉 인의를 버려야 도가 생겨 하나의 공을 이루는 것이다.

공의 도형으로 살펴보면

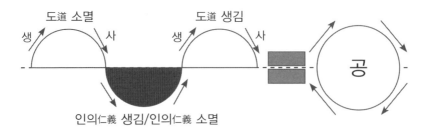

도와 인의의 생과 멸의 공의 도형

상기 도형에서 보듯이 공의 세계는 계속 돌아간다. 다만 노자가 살았던 시대에서 노자가 볼 때는 도가 무너졌다고 보고 있다. 아니면 공의 법에 의하여 한때는 도를 지키는 시대가 있고 또 한때는 도가 무너지는 시대가 오는 것을 표현한 것이라 할 수 있다. 참고로 법치주의가 왕성할 때는 도는 무너지는 시대라 할 수 있다.

지혜가 없으면 엇박자인 위선이 생겨 하나의 공을 이룬다. 그런 다음 지혜를 생기게 하려면 위선을 버리면 된다. 즉 위선을 버려야 지혜가 생겨 하나의 공을 이루는 것이다.

공의 도형으로 살펴보면

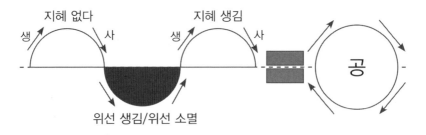

지혜, 위선의 생과 멸의 공의 도형

가정이 무너지니 엇박자인 효도와 사랑이 생겨 하나의 공을 이룬다. 그런 다음 가정이 바로 생기게 하려면 효도, 사랑이라는 말은 필요 없다. 즉 효도니 사랑이니 하는 말은 가정이 화목하면 의미 없는 말이라 할 수 있다.

공의 도형으로 살펴보면

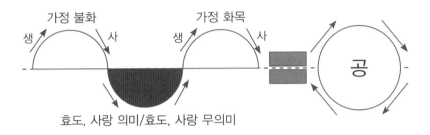

가정의 화목과 불화의 공의 도형

도를 알고 가정이 화목하면 몸소 행동을 하니 효도니 사랑이니 하는 말들은 의미가 없는 것이다.

유교의 대학에 8조목을 보면 격물, 치지, 성의, 정심, 수신, 제가, 치국, 평천하라는 내용이 있다. 여기서 수행자가 수신을 한 다음에 첫 번째 다스려야 할 부분이 가정이다. 가화만사성이라 하여 가정이 화목해야 만사(치국, 평천하)도 잘 다스릴 수 있기 때문이다.

그럼 왜 가정을 잘 다스려야 하는가?

가정이라는 것은 나와 하나이기 때문이며 나도 다스리지 못하면서 무엇을 할 수 있겠는가?

남녀가 만나 자식을 낳고 살아가는 것을 한가정이라 하지 두가
정이라 하지 않기 때문이다. 여기서 공의 법으로 보아 나와 같은
한가정의 구성은 어떠한 것인가를 살펴보면 다음과 같다.

'나와 너의 기준'은 - 나는 무엇인가?

가족의 한 일원인 부모 자식 사이는, 즉 피를 나눈 직계로서 1
촌에 한해서는 '너'로 보면 안 된다. 즉 '나'로 보아야 한다. 일촌은
하나이기 때문이다. 형제자매간은 2촌이므로 너가 된다.

부모님에게, 또는 자식에게 못된 짓을 하는 것은 자신(나)에게
하는 것과 같으므로 '세상 이치' 중 가장 죄질이 나쁘다. 형제자매
간도 나에게는 '너'이지만 부모님 입장에서 보면 부모님과 같이 하
나이기 때문에 너(피를 나눈 형제 자매)에게 피해를 주면 나에게 피
해를 주는 것과 같다고 보면 된다. 현실에서 부모에게나 형제간에
못된 짓을 하는 사람이 잘되는지를 지켜보면 알게 된다.

부부는 부부로 있으면 나와 한쌍이기 때문에 내가 된다. 하지
만 헤어지면 남이 되는 것이다. 그럼 부부의 관계는 피를 나누지
않아 무촌(0촌)이라 하지만 이는 0.5촌을 이루기 때문이라고 가상
할 수 있다. 즉 부부夫婦가 부부婦夫(0.5+0.5=1) 되면 하나인 내가
된다. 또한 부부夫婦가 부부婦夫 안 되면(조화를 이루지 못하면(0.5-
0.5=0) 남이 된다. 내가 나에게 함부로 하면 조화가 깨져 남이 되
는 것이다.

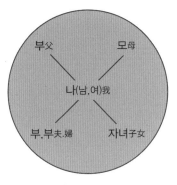

음양은 내가 여성이냐 남성이냐의 차이를 말한다

나의 음양오행(주역과는 다르나 결국은 같다)의 공의 도형

모두가 나이기에 한 사람이라도 잘못되면 내가 잘못되는 것과 같다. 달리 말하면 나와 같은 내가 오행에서 하나라도 빠지면 내가 피곤(힘듦)하게 되는 것을 말한다.

이 오행의 도형에서와 같이 나의 중심은, 즉 핵은 내(당사자-본인)가 된다.

이런 연유로 나를 위해 버는 돈은 나를 위해서 나가게 된다. 또한, 이것이 연緣의 고리(공의 끈)라 할 수 있다.

가화만사성
家 和 萬 事 成

집안이 화목和睦하면 모든 일이 잘 된다는 말
기화만사성도 모두 한 가족이며 하나이기 때문이다.

예를 들어 큰 꿈을 가진 정치인이 뜻을 이루려고 나름의 최선의 노력을 다하고 있는데, 자식들 중 한 명이 가정사를 폭로하거나 비뚤어진 행동이나 부도덕한 행동으로 사회의 비판을 받는다면 이는 큰 꿈을 가진 부모님을 좌절하게 만드는 결과를 가져온다. 이는 가정사도 못 다스리면서 어찌 국민과 국가를 바르게 인도할 수 있겠냐는 비판을 받을 것이다. 이와 같이 음양오행으로 부모와 처자식은 모두 나이기 때문에 문제가 되면 나도 잘 안 된다.

내 가족한테만 잘하고 잘 살아가고 있다고 자만한다면 이는 잘못된 결과를 가져온다. 이는 '공의 이치'로 보면 내 가족은 모두 '나'와 같은 존재이기 때문에 '공의 이치'에서 너와의 조화에서 벗어나면 언제 가정에 우환이 올지 모른다.

"공의 법칙은 오묘하고 미묘하게 표가 나지 않게 나에게 되돌아온다."

한때 언론에서는 '빚투'라고 하여 떠들썩했다. 연예인들이나 유명한 사람들의 부모가 이전에 다른 사람들의 돈을 빌려 안 갚든가 사기를 치는 등의 잘못으로 인하여 자식들의 앞날을 곤란하게 만드는 것도 모두 나와 같은 하나이기 때문이다. 이것은 법(유의 법)적 대물림 하고는 다른 공의 세상의 법이기 때문에 문제가 되는 것이다.

국가가 혼란스러우면 엇박자인 충신이 생겨 하나의 공을 이룬다. 그런 다음 국가가 안정되려면 충신이 없어져야 한다. 즉 충신이 사라져야 국가가 안정을 이루어 하나의 공을 이루는 것이다.

공의 도형으로 살펴보면

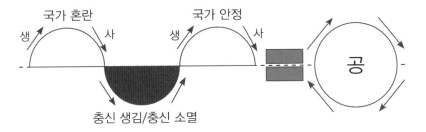

도와 인의의 생과 멸의 공의 도형

　상기의 내용들은 부모가 자식들에게 "이것 하지 마라 저것 하지 마라" 하는 것과 같으며 이는 부모가 이것과 저것을 해보았기 때문에 자식들이 피해를 보는 것을 알기 때문이다.

絶聖棄智
절 성 기 지

絶聖棄智 民利百倍 絶仁棄義 民復孝慈
절 성 기 지 만 리 백 배 절 인 기 의 민 복 효 자

絶巧棄利 盜賊無有 此三者以爲文不足
절 교 기 리 도 적 무 유 차 삼 자 이 위 문 부 족

故令有所屬 見素抱樸 少私寡欲
고 영 유 소 속 견 소 포 박 소 사 과 욕

잘난 척이나 자만을 버리는 사람은 이익이 백 배가 되고, 인과 의를 버리는 사람은 효도하는 마음, 사랑하는 마음이 회복된다. 잔재주나 이로움을 버리는 자는 도적질을 하지 않는다. 이 세 가지를 행하는 자는 근본으로 돌아온다. 고로 사람들을 근본으로 돌아가게 해야 순박함을 품고 사사로운 욕심을 버린다.

해설 ▷▷ 이 장의 내용은 공의 순리에 의하여 생기는 변화들을 말한다.

제18장의 내용과 같은 맥락에서 보면 비슷하다.

잘난 척이나 자만을 버리는 사람은 이익이 백 배가 된다는 말

은, 반대로 보면 잘난 척하고 자만하는 자는 손해가 백 배가 된다는 말이다.

인과 의를 버리는 사람은 효도하는 마음, 사랑하는 마음이 회복된다. 이는 반대로 보면 효도하지 않고 사랑하지 않기 때문에 인과 의를 요구하는 것이다.

잔재주나 이로움을 버리는 자는 도적질을 하지 않는다. 반대로 보면 잔재주는 남(너)에게 피해를 주는데, 자신이 이익을 보려면 남(너)은 손해를 보아야 하기 때문에 결국 도적과 다를 것이 없는 것이다.

이 세 가지를 어떻게 행하느냐에 따라 공의 법에 의하여 엇박자로 나에게 복으로 돌아올 수도 있고, 피해로 돌아올 수있다.

사람의 근본

첫째, 부모에게 효도하는 것이 근본이다.

(부모에게 효도하지 않으면 자신에게 해가 되어 돌아온다)

둘째, 도덕을 지키는 것이 근본이다.

(도덕을 지키지 않아 너에게 피해를 주면 자신에게 해가 되어 돌아온다.)

셋째, 자신의 위치에서 도리를 다하는 것이 근본이다.

(자신의 위치에서 정도의 노력을 행하여야 후에 그 대가를 받기 때문이다.)

이 근본을 무시하고 쌓은 성城은 모래성과 같다. 이 모래성은 무의 세계에서 바람이 불면 모두 흩날려 사라질 것이다.

제20장

絶學無憂
절 학 무 우

絶學無憂 唯之與阿 相去幾何 美與惡 相去可若

절 학 무 우 유 지 여 아 상 거 기 하 미 여 악 상 거 가 약

人之所畏 不可不畏 荒兮 其未央哉

인 지 소 외 불 가 불 외 황 혜 기 미 앙 재

衆人熙熙 如享太牢 如春登臺

중 인 희 희 여 향 태 뢰 여 춘 등 대

我獨泊兮 其未兆 如嬰兒之未孩 儽儽兮 若無所歸

아 독 박 혜 기 미 조 여 영 아 지 미 해 루 루 혜 약 무 소 귀

衆人皆有餘 而我獨若遺 我愚人之心也哉 沌沌兮

중 인 개 유 여 이 아 독 약 유 아 우 인 지 심 야 재 돈 돈 혜

俗人昭昭 我獨昏昏 俗人察察 我獨悶悶 澹兮其若海

속 인 소 소 아 독 혼 혼 속 인 찰 찰 아 독 민 민 담 혜 기 약 혜

飂兮若無止 衆人皆有以 而我獨頑似鄙 我獨異於人 而貴食母

료 혜 약 무 지 중 인 개 유 이 이 아 독 완 사 비 아 독 이 어 인 이 귀 식 모

학문을 끊으면 근심이 없어진다. 공경스런 "예"와 "응" 하고 대답하
는 것이 무슨 차이가 있는가? 선과 악의 차이는 무엇인가? 사람
(너)이 싫어하거나 두려워하는 일들은 (누구나)싫어하고 두려워하지

않을 수 없다. 이런 엇박자의 근본은 처음부터 가운데에 있기 때문이다.

남들은 모두 기뻐 즐거워하는 것이 마치 큰 잔치를 벌이는 것 같고, 봄날처럼 높은 곳에 오른 것 같다.

나중에 빌미를 주지 않기 위해 나만 홀로 머무른다. 마치 즐거움을 모르는 어린아이와 같이…. 나를 낮추고 낮추어 무의 세계로 들어가는 것 같다. 많은 사람들은 유의 세계에 남아 있지만 나는 혼자 깨달음을 즐기며 살아가는 것 같다.

나는 엉키고 엉키어 돌고 있는 사람들의 어리석은 마음을 안타까워한다.

속인들은 모두 자신들이 밝다고 하지만 나는 어둡게 바라본다. 속인들은 모두 자신들이 똑똑하다 하지만 나는 답답하게 바라본다. 맑고 넉넉함은 큰 바다와 같고, 부는 바람은 무에서 그쳐야 멈추고, 많은 사람들은 모두 유(유 - 물질 = 색계)가 모두 다르다고 하지만 나는 속된 것을 바라본다.

나만 사람과 다른 것은 천명으로 태어났기 때문이다.

해설 ▷▷ 이 장의 내용은 도를 깨달은 노자가 공의 세계 입장에서 깨닫는 과정과 도를 깨닫고 대중들을 바라보는 시각을 전하고, 도를 깨닫기 위해서는 천명을 받아야 가능함을 말한다.

절학무우絕學無憂**는 '배움을 끊으면 근심이 없어진다'로 해석할 수 있다. 사람들은 더 많이 배우려고 난리인데 노자는 왜 배움을 끊으라 하는 것인가?

학學이란 학교에서 배우는 문자만 국한한 것이 아니고, 누구나 먹고살기 위해서 무엇이든 배워야 하는 유의 세계의 삶을 표현한 것이고, 근심이 없어진다는 것은 갖기 위한 노력을 비우는 것을 표현한 것이다. 불교에서 강조하는 무소유, 비움도 실제로 비우면 근심이 없는 것이 아니라 더욱 행복을 느끼기 때문인데, 공의 이치를 깨닫기 전에는 그것을 이해하기 어렵다 할 수 있다.

학學은 갖기 위해 배우는 길을 말하며 학은 곧 소유所有를 뜻한다. 유치원, 초중고, 대학과 대학원, 평생 교육 등도 소유하는 법을 배우는 학이라고 노자는 표현한다. 소유를 버리면 누구나 힘들어 하고 괴로워하지만 공의 이치를 깨달은 성인이나 현자는 학(소유)를 버리고 무소유로 행하므로 더욱 행복을 느끼게 된다.

그럼 왜 학(소유)을 버리면(무소유) 근심이 없는 것은 물론이요, 더 행복을 느끼는 것인지를 소유와 무소유에 대하여 살펴보자.

무소유無所有

무소유는 깨달으면 더해지고(+), 깨닫지 못하면 빠진다(−). 결국 깨닫기에 따라 내 소유가 더해지고(+) 깨닫지 못하면 빠진다(−).

사람이 태어날 때 '유소유'와 '무소유'를 갖고 태어난다. **'유소유'**는 현재 자신이 가지고 있는 재산 가치(부동산, 동산, 현금, 자격증, 무형의 자산, 즉 기술 등)이며 변한다. 이 유소유는 죽기 전까지만 존재하며 죽으면 유소유는 소멸된다. 저승 갈 때 누구도 1원조차 가져갈 수 없다.

'무소유'는 무의 소유이며 자신이 가지고 있는 '유소유'의 한계(부를 향한 노력의 한계)를 느낄 때 '무소유'를 알게 되며, 이때 비우는 마음과 세상 이치를 깨닫게 된다. 이 무소유를 알 때 자신의 존재 가치(자신의 분수)를 안다. 또한 무소유의 크기는 알 수 없다. 운명을 바꾸기 위한 노력 여하에 따라 무소유의 크기도 달라져 현실로 나타난다.

사람이 태어날 때 실제로 무소유도 갖고 태어난다. 무소유로 태어나며(몸만 태어남), 무소유로 죽는다(몸만 죽는다). 단, 나름의 노력을 해도 안 되고 죽을 만큼 힘들 때 일시적으로 '무소유'가 나타나 새로운 길로 인도하는 경우도 있다.

어머니 뱃속에서 몸만(무소유) 태어나 살아가면서 유소유를 갖게 되고 시간이 지나 죽을 때는 다시 몸만(무소유)으로 돌아간다.

예를 들어 어떤 사람이 너무 힘들어 자살하려고 할 때 무엇인가를 보고 느껴 노력하여, 즉 기사회생하여 나름의 성공을 이루고, 그 고마움으로 주위에 도움을 주고, 주위와 조화를 이루며 행복하게 살아가는 것도 자신이 타고난 '무소유'를 가졌기 때문이다.

또한 죽음의 길목에서 천운으로 살아남아 새로운 인생길을 살아가는 사람들도 다른 사람들에게 귀감이 된다. 이 또한 자신이 모르는 무소유를 가지는 이유라 할 수 있다.

'무소유'는 한량이 없는 돈(량)도 되니 노력에 따라 돈(량)이 달라져 깊이를 알 수 없다. 단, 이는 깨달음을 이룬 후 가능한 일이다. 또한 진정한 '무소유'의 깨달음을 얻고 행동한다면 이는 죽어서 후세에 이름과 가르침을 남기는 것이니, 진정한 '무소유'를 알고 가는 것이다. '무소유'는 한량없기 때문에 수행 증진에 따라 달리 나타난다.

그럼 유소유有所有만 갖고자 하면 어찌 되는 것인가?

소유는 내가 수신(깨달음이 없음)하는 것이 아니고 물질을 소유하므로 너가 물질이 된다. 그러므로 상대성으로 돌아온다. 즉 내가(유) 물질을 소유함을 시작점으로 하여 시간에 따라 순리로 가다 보면 엇박자의 경계에 도달한다. 이 경계를 넘으면 내(유소유)가 나(무소유)로 바뀌게 된다. 바뀐 너(무소유)의 상태로 계속 가다 보면 다시 엇박자의 경계에 도달한다. 이 경계의 끝점이 처음 내가 가졌던 유소유의 시작점과 만나 하나의 공을 이룬다. 즉 원점이 되는 것이다. 이렇게 유소유에서 무소유(잃어버린 것)로 한 번 돌 때 깨달음을 한 번 얻는 것이 된다.

이같이 유소유만 고집하면 무소유를 모른다. 이는 항상 부족한 상태를 만든다. 또한 유소유만 고집하면 때가 되면 빼앗기는 현상을 만든다. 공의 이치를 알고 반대로 무소유를 행하면 엇박자인 유소유를 알게 되고, 모두 갖게 되는 것과 같다.

"유소유의 한계를 느낄 때 무소유를 깨닫게 된다."

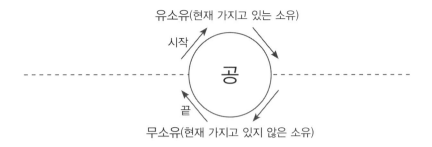

무소유의 공의 도형

공의 도형에서 보면 무소유를 행하니(비움, 베풂) 시간이 지나 유소유로 돌아온다. 즉 나에게 복으로 돌아오는 것이다. 반대로 유소유만 고집해도 시간이 지나면 무조건 무소유로 돌아가기 때문에 먼저 무소유를 행하느냐 아니면 빼앗겨 행하느냐의 차이다. 그렇게 돌고 난 다음은 다시 유소유를 갖게 된다.

유소유일 때 무소유를 행하면 다시 유소유를 얻게 되는 것이다. 이렇게 먼저 행하는 사람이 현명한 사람이라 할 수 있다.

소유란? 자신이 가지고 있는 부동산, 동산, 재능, 자격증, 기술 등 현재 눈에 보이는 물질, 능력 등과 앞으로 나타날 물질과 능력 (무소유) 등을 합친 것을 소유라 할 수 있다. 이런 연유로 소유는 앞으로 나타날 무소유로 인하여 변할 수 있다.

'**소유**所有=**유소유**有所有+**무소유**無所有'로 공의 이치가 성립한다. 상기 공식을 바꾸면
'**유소유**有所有=**소유**所有−**무소유**無所有'로 '공의 이치'가 성립한다.

이는 보이는 내 재산이 무소유의 크기에 따라 다른 결과를 가져온다는 것을 보여준다.

자신의 보이지 않는 복福(무소유)이 많다면 유소유는 많아질 것이지만 자신의 보이지 않는 복福(무소유)이 없다면 유소유는 커지지 않고 계속 빠져나가기 때문에 밑 빠진 장독에 계속 물을 붓는 것과 같을 수 있다.

인생살이 열심히 하고 부지런히 하면 유소유가 어느 정도는 늘어날 수 있지만 진정 부자는 무소유가 늘어나야 자신이 소유하는 유소유가 늘어날 것이다. 이런 연유로 사람의 앞일은 모른다고 하는 것이며 장담을 해도 안 되며, 사람의 능력 또한 무한한 것이다.

'무소유無所有＝소유所有－소유有所有'로 '공의 이치'가 성립한다. 결국 무소유는 가진 유소유를 많이 뺄수록 무소유가 많아지며 이는 결국 비우는 것을 깨달아야 함을 말한다. 무소유는 덕을 쌓는 것과 같다. 이는 내 재산의 일부만 빠져나가고 참 돈만 남게 되는 것이다.

실제로 재산이 들어와 모이는 돈을 '참 돈'이라 하고, 들어오는 데로 이유없이 빠져나가는 돈을 '거짓 돈'이라 한다. 무소유를 모르면 내가 가진 유소유의 돈은 어떤 식으로 언제 내 손에서 거짓 돈으로 빠져 나갈지 모르는 것이다. 또한 무소유를 행하면 하는 일이 모두 쉽게 풀리는 것을 경험할 것이다.

깨달음을 얻은 자는 무소유를 덕이라 한다.

깨달음을 얻지 못한 자는 유소유를 덕이라 한다.

노자가 말하는 도라는 것은 보이지 않으니 무엇의 덕이 나에게 복인 것인가?

'비운다'의 공空

멸하는 단계에서 제일 중요한 것은 비우는 것이다. 누가 쉽게 자신의 것을 비울 수 있겠는가?

깨달음의 길에서 "비워라" 하는 말을 자주 한다. 하지만 이 말은 자신의 것을 포기하는 것과 같기 때문에 갖기도 어려운데 "비워라" 하니 누가 감히 이해할 수 있겠는가? 하지만 '세상 이치'(공의 이치)는 내 마음대로 되지 않으니 그것이 문제다. 다만 갖는 것과 비우는 것을 깨닫는다면 "비워라" 하는 뜻을 이해할 것이다.

공의 도형을 살펴보면

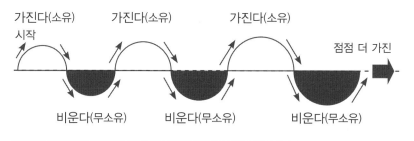

비워라의 공의 도형

가지는 것과 비우는 것이 하나의 공을 이루기 때문에 비우지 않으면 빼앗기게 되며, 빼앗기면 몸과 마음도 빼앗겨 괴로워할 수 있기 때문에 먼저 지혜롭게 비우면 그 비운 이상의 것을 다시 가지게 된다. 이렇게 가지고 비우는 것이 '공의 법'이기 때문에 비우는 것을 잘하면 가지는 것이 더 커지게 된다.

사람이 죽을 때 1원도 가져가지 못하지만 비우는 것을 잘하면 죽어서도 그 명성을 갖게 되어 불멸을 이룬다. 가지는 것만 잘하면 죽어서 원성만 들을 것이다.

갖기도 어려운 것을 어떻게 비워야 하는가?

하나는 일시적으로 자신에게 해가 된다면 비우는 것이다. 이는 비워야 할 때(빼앗김)가 되었기 때문이며 자신의 무지로 또한 먼저 비우지 않은 결과로 돌아오는 현상이기 때문이다. 빼앗기는 것도 오묘하고 미묘하게 사람마다 다르게 나타난다.

또 하나는 정기적으로 비우는 것으로 이것은 덕을 쌓는 것이라 한다. 자신의 가진 것을 주기적으로 10% 정도를 너를 위하여 베푸는 것이며, 물질적, 육체적(재능 기부, 봉사) 기부를 먼저 행하는 것을 말한다.

이 말을 믿지 못한다면 지금까지 살다간 억만장자나 타고난 천재적인 사람, 세계 갑부들이 죽으면서 무의 세계로 1원이라도 가져갔는지 살펴보면 알 것이다.

공의 법칙은, 락(즐거움)은 시간이 지나면 괴로움이 오고, 나를 낮추면 시간이 지나 너가 나를 높게 바라보게 된다. 밝음이 있으면 시간이 지나 어둠이 있고, 똑똑한 것도 시간이 지나면 자만해 세상의 늪에 빠지게 되며 색(유)이 시간이 지나면 무색(무)해진다. 이런 깨달음을 얻는 사람은 천명天命으로 태어난 것이며 사람들과 다르다고 노자는 말한다.

천명에 대하여 유교의 중용과 불교의 묘법연화경을 살펴보자. 유교의 중용의 제1장을 살펴보면 천명지위성(하늘(천명)이 준 것을 성)이란 문장이 있다.

하늘은 무엇인가? 하늘은 공空이다. 즉 텅 비어 있는 공의 세계를 옛적부터 하늘 천天으로 정의하여 내려왔다.

그 이름함이 하늘이라 한 것이다.

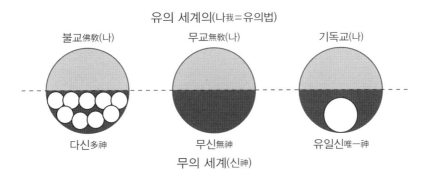

유의 세계의(나我＝유의법)

불교佛教(나)　　　무교無教(나)　　　기독교(나)

다신多神　　　무신無神　　　유일신唯一神

무의 세계(신神)

이런 연유로 무의 세계는 종교를 넘어 존재하므로 인간이 무의 세계(신神)를 어떻게 믿느냐는 자신에게 달려 있고, 또한 너의 종교도 인정하여야 하는 이유가 된다. 종교적 억압이나 정도를 넘는 권유는 너에게 피해를 주는 격이 되어 자신에게도 결국 피해로 돌아올 것이다.

동서고금을 통하여 인간이 자신의 뜻대로 원하는 대로 이루지 못하는 것은 인간의 능력 경계 이상에는 무의 세계가 존재하기 때문이며 그로 인하여 모든 일이 원만하게 이루어지지 못하는 이유가 된다. 이로 인하여 인간은 보이지 않으나 존재함을 깨닫게 되고 이를 이름[名]하여 하늘 천天으로 정定하였다. 즉 사람의 위에 존재함을 알게 되고 숭배의 대상으로 모시게 된 것이다.

천명天命으로 태어난 성性이란 무엇인가?

공의 도형으로 살펴보면

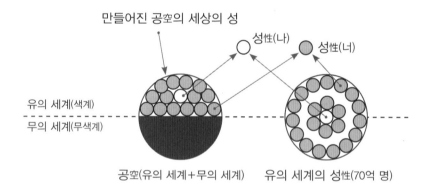

성性의 공의 도형

상기 도형에서 유의 세계는 우리 눈에 보이는 세계와 태양계의 행성들과 이를 넘어선 대우주를 말하며, 무의 세계는 우리 눈에 보이지 않는 유의 세계와 공유하는 대우주를 말한다.

중용中庸에서는 불교의 상相, 성性, 체體, 력力을 모두 성性으로 해석한 것이라 할 수 있다. 지구상에 그 많은 사람이 있어도 이와 같이 상相, 성性, 체體, 력力으로 인하여 사람마다 모두 다른 것이다. 그렇기 때문에 사람마다 성性이 달라도 그 길을 배우지 않으면 자신만 괴롭다. 또한 가르치는 자도 바르게 가르쳐 주어야 한다.

불교의 묘법연화경 방편품에 나오는 경의 내용 중 십여시十如是 중 현생에 태어나는 사람을 표현하면(명命을 받음)

여시상如是相 – 사람으로 태어날 때 상相은 남녀로 구분할 수 있다. 모든 사람들의 각각의 성性(남성男性, 여성女性)으로 태어난다.

여시성如是性 – 사람으로 태어날 때 그 상相(남녀)의 성품(성질)을 말한다. 모든 사람들이 각각의 성품이 다름을 의미한다.

여시체如是體 – 사람으로 태어날 때 그 상相(남녀)의 몸을 말한다. 모든 사람들이 각각의 외모, 체형, 체질이 다름을 의미한다.

여시력如是力 – 사람으로 태어날 때 그 상相(남녀)의 능력을 말한다. 모든 사람들이 각각의 능력이 다름을 의미한다.(인각유일능人各有一能) 사람마다 제각기 하나씩의 재능才能은 가지고 있다는 말

묘법연화경의 벙편품에 나오는 십여시十如是를 설명하면

止 舍利弗 不須復說 所以者何 不所成就 第一希有難解之法
지 사리불 불수부설 소이자하 불소성취 제일희유난해지법

唯佛與佛 乃能究盡諸法實相 所謂諸法 如是相 如是性 如是體
유불여불 내능구진제법실상 소위제법 여시상 여시성 여시체

如是力 如是作 如是因 如是緣 如是果 如是報 如是本末究竟等
여시력 여시작 여시인 여시연 여시과 여시보 여시본말구경등

그만두자 사리불아. 다시 말할 것이 없느니라. 왜냐하면 부처님께서 성취한 제일 희유하고 난해한 법은 오직 부처님과 부처님이라야 제법실상을 깨달아 궁구할 수 있기 때문이니라. 이른바 모든 법의 이와 같은 상, 이와 같은 성, 이와 같은 체, 이와 같은 역, 이와 같은 작, 이와 같은 인, 이와 같은 연, 이와 같은 과, 이와 같은 보, 이와 같은 본말구경등이니라.

'십여시＋如是'

모든 세상 이치 안에(제법실상－실제 세상살이의 진실한 모습을 말함) 나타나는 현실을 '십여시'란 단어로 정의한다. '공의 법'에 따라 지은 업의 인연으로 전생, 현생, 다음생(내생)에서도 십여시는 함께 돌아가며 불변이다.

사람마다 생명 있는 모든 것은 태어날 때 생긴 모양(여시상, 相), 생긴 성질(여시성, 性) 생긴 몸(여시체, 體), 생긴 힘(여시력, 力) 모두 다르게 태어나는데, 이는 전생에 지은(여시작, 作) 업이 원인(여시인, 因)으로 이 땅에 태어나는(여시연, 緣) 것이며, 그 태어난 분수, 즉

자리(여시과, 果)인 것이다. 또한 태어난 자신의 분수대로 살아가는 것이 전생의 진 빚(업보)를 갚는 것이다. (여시보, 報)

결국 이런 과정으로 전생의 업보와 현생의 자신의 분수(자리)는 같다. 즉 처음과 끝이 같다는 뜻으로 여시본말구경등如是本末究竟等이라 한다. 결론은 타고날 때부터 사람마다 공의 크기가 다르다는 것이다. 즉 전생에 자신이 행한 원인으로 인하여 현생에 자신이 존재하므로 동등하다는 뜻이고, 현생에 행동하기에 따라 내생이 달라진다는 것이다.

공의 도형을 살펴보면

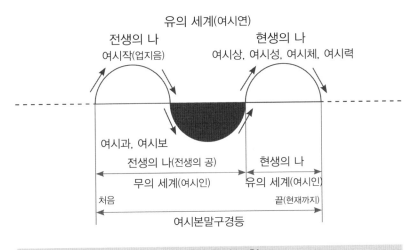

십여시의 공의 도형

상기 도형에서 전생의 나인 여시작과 여시과, 여시보가 하나의 공을 이루고 현생의 나로 태어나는 것이며, 이는 나의 태생은 전생의 공과 맞물려 돌아가기 때문에 현생의 자아自我가 존재하는 것이다.

참고로, 태어나 살아가는 복福이 50%라고 하면 자신이 깨달아 덕德을 쌓는다면 인생을 100% 멋지게 살아갈 수 있을 것이다.

갖고 태어난 복으로 살아가는 것을 본말구경등이라 하는데, 자신의 전생의 인因으로 현생에 태어난 결과(연緣)를 말한다. 그럼 다음 생을 위하여 현생에서 좋은 인因을 만든다면 다음 생(후생後生)은 남부럽지 않을 것이다. 그 또한 다음 생에도 본말구경등으로 태어나는 것이다.

다만 본말구경등으로 인한 공의 크기는 사람이 평가하면 안 된다. 십여시로 사람을 본다면 이 사람 말도 맞는 것이고, 저 사람 말도 맞는 것이다.

여시如是란 무엇인가?

여如는 '같을 여'로 '오고감이 없는', 즉 공을 이루는 것을 말하고, 시是는 '이것으로' 말하며 이는 '이것으로 공을 이룬다'고 전체적으로 본다.

예를 들어 여시상如是相은 남녀 상相으로 공을 이룬다고 할 수 있다.

불교의 경전에 여래如來라 하여 부처님을 지칭하지만 이는 현존하신(유의 세계) 석가모니불과 무의 세계의 아미타불, 미륵불 등 무수히 많은 부처님들 모두를 통칭하여 여래라 한다. 즉 공에 존재하시는 부처님을 말하는 것이다.

사회에서 자신의 입장들만 내세우며 살려고 하는 것은 환경적 문제도 있고 정신적 문제(정신질환자)도 있는데, 정신적 문제로 타인에게 피해를 주는 사회적 범죄 문제도 자신이 타고난 성性 안에 있는 것이다.

만들어진 공의 세계에서 가장 중요한 것은 그 세계 안에서 누구도 자신의 뜻대로 되지 않는 세상살이를 체험한다는 것이다. 누가 얼마나 많이 심하게 고생을 하고 하지 않는 차이뿐이지만 결국은 누구도 피해갈 수 없는 운명(숙명)이다.

공의 법칙에서 깨달음을 얻기 전 나와 너의 관계를 살펴보면
내가 싫어하는 일은 너도 하기 싫어한다.
너가 싫어하는 일은 나도 하기 싫어한다.
내가 덕을 보면 너는 피해를 본다.
너가 덕을 보면 나는 피해를 본다.
나만 귀하다 하면 너도 너만 귀하다 한다.
너만 귀하다 하면 나도 나만 귀하다 한다.
소소한 것부터 큰 것까지 자기만 먼저 위한다면 항상 논쟁으로 내 자신도 위태롭게 만든다. 그러므로 너와 나 사이에 적절한 대응이 중요하다. 이를 중도中道, 중용中庸이라 하며, 덕을 쌓는 길이며 내가 좋은 길을 걸어가는 방법이라 할 수 있다.

제21장

孔德之容

공 덕 지 용

孔德之容 惟道是從

공 덕 지 용 유 도 시 종

道之爲物 惟恍惟惚 惚兮恍兮 其中有象 恍兮惚兮 其中有物

도 지 위 물 유 황 유 홀 홀 혜 황 혜 기 중 유 상 황 혜 홀 혜 기 중 유 물

窈兮冥兮 其中有精 其精甚眞 其中有信

요 혜 명 혜 기 중 유 정 기 정 심 진 기 중 유 신

自古及今 其名不去 以閱衆甫 吾何以知衆甫之狀哉 以此

자 고 급 금 기 명 불 거 이 열 중 보 오 하 이 지 중 보 지 상 재 이 차

큰 덕의 모습은 오직 도를 따름이다. 도라는 것이 있는 생각도 들고 없는 생각도 든다. 없느냐 있느냐 그것은 중도의 형상이고, 있느냐 없느냐 그것은 중도의 형태이다. 고요하냐 어둡냐 그것은 중도의 정함이며, 어둡냐 고요하냐 그것은 중도의 믿음이다.

태고 시절부터 지금까지 그 이름(도)은 영원히 사라지지 않았으니, 이는 많은 사람들을 보면 알 수 있다. 내가 어떻게 도를 깨달았는지를 말하자면 많은 사람들을 통하여 알게 된 것이다.

해설 ▷▷ 이 장에서도 노자는 큰 덕을 쌓아야 도를 깨달을 수 있

음을 말하고 있다. 그 도의 상相을 비유하며, 태고 시절부터 지금까지 노자가 도를 깨달을 수 있었던 것은 많은 사람들 때문이라고 말한다.

공덕孔德에서 공孔은 '구멍 공'자도 되고, '큰 공'자도 된다. 덕德은 '베풀 덕'이다. 결국 '큰 베품'으로 해석한다. 이는 다르게 표현한다면 '큰 공덕功德'이라 할 수 있다. 여기서 공功은 한자로 내가 노력한 공로, 공적으로 표현할 수 있다. 앞서 표현한 공덕을 말하면 내가 쌓는 덕을 말한다.

노자가 말한 큰 덕, 즉 공덕孔德을 표현한다면

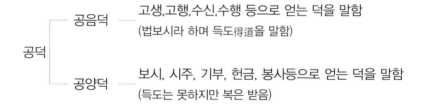

상기의 공덕 중 공음덕을 큰 덕이라 할 수 있다.

노자 생후 2700년이 지난 지금 노자 도덕경을 논하는 그 자체가 노자의 공음덕의 큰 덕[大德]임을 알아야 한다.

이는 공의 이치를 깨닫는 길이 어렵기 때문이며, 이를 깨달으면 사람은 물론 만물이 돌아가는 이유를 알기 때문에 너(모든 생명력 있는 존재)에게 가르침을 전할 수 있기 때문이다.

중간 내용은 제1장의 도가도비상도를 다른 형태로 이야기한다고 생각하면 된다.

도가도비상도道可道非常道**=유가도무가도**有可道無可道
도라고 하는 도는 항상 도가 아니다=도가 있는 것 같기도 하고 도가 없는 것 같기도 하다.

노자는 많은 사람들을 통하여 도를 알았다고 한다.

산에 들어가 자연과 더불어 참선을 하며 깨닫는 사람을 우리는 도인이라 한다. 과연 그곳에서 자연의 이치는 알아도 사람과 더불어 살아야 하는 인간으로서의 공의 법칙, 즉 돌아가는 사람들의 마음을 알 수 있겠는가? 결국 생활에서 많은 사람들을 통하여, 극과 극(양극)의 견문이나 체험을 통하여야 알 수 있는 것이 도임을 노자는 논한 것이다.

동상이몽, 유유상종, 동고동락, 새옹지마, 사필귀정, 권불십년, 토사구팽, 와신상담⋯ 무수히 많은 사자성어나 고사성어는 모두 사람들로 인하여 생긴 것이며, 사람이 내게 오는 이유, 내가 너에게 가는 이유, 내가 변하는 이유, 너가 변하는 이유 등을 깨닫게 되면 공의 세계도 차츰 깨닫게 된다.

고행만 한다면 사회 물정을 모를 수도 있다.
고생만 한다면 세상 이치를 모를 수도 있다.
고생과 고행을 둘 다 해봐야 사회 물정과 세상 이치를 두루 알

것이다. (둘 다 몸소 체험하는 것을 말한다.)

이것으로 나름의 참 깨달음을 얻을 수 있다.

어떤 사람이 몇번의 고생을 경험하고 나름의 자기 자리를 잡는 것은 부와 가난, 성공과 실패, 도전과 포기 등을 떠나 이때는 나름의 살아가는 방법을 깨닫는 것이다. 즉 알든 모르든 나름의 세상 이치를 깨닫는 것이다.

상(보이는것, 相) 안에서 무상(보이지 않는 것, 無相)을 보거나 또는 느껴야 한다. 이것을 보거나(無相) 느끼지(無見) 못하면 내가 고달 프기 때문이다.

예를 들어 어떤 사람이 목적이 있어 나에게 왔는데, 그 사람의 외모나 말만 듣고 나와 뜻이 맞아 함께 동행을 한다면, 이것은 그 사람의 속마음을 알지 못하기 때문에 나중에는 필히 자신이 피해를 볼 수밖에 없다. 따라서 상대의 보이지 않는 모습(마음)을 알아야 한다는 것이다.

실제로 그 사람의 무상無相은 보기 어렵다. 나로 인因하여 오는 연緣이니 어찌 볼 수 있겠는가? 다만 조심조심, 또 조심한다면 조금은 나아질 수 있지 않을까?

더욱 중요한 것은 쌓는 덕을 일상인 듯 행하면 이런 일들이 오지 않으며, 만약 온다고 하여도 결국 자신의 깨달음을 얻는 과정이 될 것이다.

내가 어떻게 도를 깨달았는지를 말하자면 많은 사람들을 통하여 알게 된 것이다.

동서고금을 통틀어 사람은 누구나 사람들로 인하여 고통을 받는 경우가 있다. 재산을 날린다든가 육체적, 정신적 상처를 받는다든가 상상을 초월하는 경우도 맞이하기도 한다. 그런 연유로 그 사람을 원망하는 경우가 있다. 하지만 나를 힘들고 괴롭게 만든 사람들로 인하여 깨달음을 얻는다면 그 사람들이 나에게는 스승과 같으며 고맙다는 생각과 마음이 들 것이다. 이때부터 사람들이 보이기 시작하는데, 사람의 마음이 이 단계에 이르면 깨달음의 초기 단계라 할 수 있고, 이때는 세상이 모두 아름답고 고맙게 느껴지게 된다.

사람(인간) 관계
처음엔(중생 단계)

좋은 사람과 나쁜 사람이 단계로 다가와 즐겁게도 하고 힘들게도 하며 자신을 깨닫게 한다.

현실에서 많은 사람들이 직면하는 과제이며 여기서 물질적, 정신적, 육체적으로 너무나 많은 스트레스를 받고 있는 것이현실이다. 당하는 당사자도 무엇 때문인지 모르며 오로지 너 탓만 하고 때로는 피하려고만 한다. 이 단계는 누구나 살아가는 단계라 할 수 있다.

다음엔(깨달음 단계)

좋은 사람만 다가와 즐겁게 하여 깨닫게 한다.

현실에서 이 단계는 사람들에게 지쳐 그 원인을 찾고자 하는 단계로 모든 사람들이 나로 인하여 존재하며 나에게 가르침을 주기 위하여 있음을 깨닫는 단계라 할 수 있다.

이 단계만 깨달아도 세상살이 득도자의 초입이라 할 수 있다.

마지막엔(해탈의 단계)

좋은 사람, 나쁜 사람이 다가와도 힘들지 않고 즐겁게 한다.

현실에서 모든 존재가 나에게 오고 감을 알고, 내가 존재에게 가고 옴을 알며 서로에게 덕만 주는 단계라 할 수 있다.

득도자의 길이라 할 수 있다.

처음과 다음 단계는 '사람에 의해 흥성하고, 사람에 의해 망쇠한다'를 알게 한다. 마지막 단계(해탈의 단계)는 세상살이하는 사람의 최고 경지며 '해탈'하였다 할 수 있다(이 단계는 사람이 나에게 오는 이유를 알게 된다)

제 22장

曲則全
곡 즉 전

曲則全 枉則直 窪則盈 敝則新 少則得 多則惑
곡즉전 왕즉직 와즉영 폐즉신 소즉득 다즉혹

是以聖人抱一 爲天下式 不自見 故明 不自是 故彰
시이성인포일 위천하식 부자견 고명 부자시 고창

不自伐 故有功 不自矜 故長 夫唯不爭 故天下莫能與之爭
부자벌 고유공 부자긍 고장 부유부쟁 고천하막능여지쟁

古之所謂曲則全者 豈虛言哉 誠全而歸之
고지소위곡즉전자 기허언재 성전이귀지

굽히는 것이 오히려 온전할 수 있고, 구부려야 펼 수 있다. 움푹 패인 곳은 곧 채워지게 되며, 낡은 것은 곧 새롭게 될 수 있고, 적게 가지고 있으면 곧 더 얻게 되며 많이 가지고 있으면 오히려 미혹되는 것이다.

그러므로 성인은 도 하나만을 품는 것으로 천하를 대하는 기준으로 삼는다. 스스로를 드러내지 않기 때문에 오히려 더욱 밝게 빛나며, 스스로 옳다고 버세우지 않기 때문에 오히려 더욱 두드러져 나타나고, 스스로 과시하지 않기 때문에 오히려 더욱 공이 드러나게 되며, 스스로 자만하지 않기 때문에 오히려 더욱 오래 지속될 수 있다. 성인에겐 오직 다툼이란 것이 없으므로, 이 세상에서 다툴 수 있는 일이란 아무것도 없다.

옛부터 전해 내려오는 "굽혀지면 온전하게 보존된다"는 속담이 어찌 빈말이라 할 수 있겠는가? 진실로 온전한 것은 도로 귀의하는 것이외다.

해설 ▷▷ 이 장에서는 엇박자로 돌아가는 공의 법칙들을 예를 들어 설명하고 성인은 이 법칙을 깨달았으므로 앞서 내세우지 않음을 말한다.

先下身後上福
선 하 신 후 상 복

"먼저 몸을 낮추고 난 후에 높은(많은) 복을 받으라."

(자신의 몸을 먼저 낮추도록 습관을 들이면 후에 많은 복을 받을 수 있음을 말한다.)

일명 잘나가는 사람이 자신의 자세를 낮춘다면 모든 일이 무난사다. 여기서 자세는 마음가짐도 중요하지만 실제 몸 자세를 낮추는 것이다.

잘나가는 사람

권력에 있는 사람 – 정치인, 고위 공무원, 돈 많은 회장, 또는 돈 잘 버는 사람, 갑의 자리에 있는 사람, 다른 사람보다 우월하다

고 생각하는 사람 등

절하는 수행

자신을 낮추는 방법 중 불교에서 말하는 절하는 수행(고행)으로 돌아오는 공의 법칙의 덕, 즉 복을 이야기한다면 다음과 같다. (단, 절하는 수행은 내 몸을 고행시켜 내 정신과 내 마음을 편하고 맑아지게 한다. 또한 고행으로 고생을 소멸시킨다. 내 정신이 맑아야 부처님께 좋은 교감을 받는다.)

절하는 고행(수행)으로 받는 행복

하나, 절하는 고행으로 돌아올 모든 고생을 소멸시킨다.

둘,   절하는 고행으로 모든 일이 잘 풀리는 행복(만사형통)

셋,   절하는 고행으로 건강(근기가 생김)을 챙겨 아프지 않는 행복

넷,   절하는 고행으로 음식을 맛있고 귀하게 먹는 행복
       (운동 후 밥은 맛있다)

다섯, 절하는 고행으로 사람들이 존중해주는 행복

여섯, 절하는 고행으로 사람으로부터 스트레스 받지 않고 좋은 인연 만나는 행복

일곱, 절하는 고행으로 돈이 잘 들어오는 행복

여덟, 절하는 고행으로 부처님으로부터 좋은 교감을 받는 행복

아홉, 절하는 고행으로 일어날 악업을 소멸시켜 주는 행복
       또한, 작은 행복을 가진 자는 작은 행복을 잃어버리지

않고, 집을 가진 자는 집을 잃어버리지 않으며, 건물을 가진 자는 건물을 잃어 버리지 않고, 회사를 운영하는 자는 회사를 잃어 버리지 않고 더욱 번영 발전한다. 갖지 않은 자는 가질 것이며, 가진 자는 잃지 않을 것이다.

우리는 살아가면서 잃지 않으려고 하지만 잃게 된다. 이것은 잃는 것이 아니고 빼앗기는 것임을 알아야 한다. 상기의 내용들을 믿지 않는 자는 참으로 어리석은 자라 할 수 있다.

우리나라의 고승 중 돌아가신 성철 스님은 찾아온 신도들에게 삼천배를 시키는 것으로 유명했는데, 이 또한 공의 법을 깨달은 스님이 불쌍한 중생들에게 복을 만들어 주는 길을 시킨 것이라 할 수 있다.

고생은 모르고 하는 것이며 고행은 알고 하는 것이다.

고생은 끝을 알 수 없으며, 심한 경우 끝없는 고생을 하다 죽어야 끝난다. 고행은 알고 하기에 끝도 알며, 복도 부른다. 이 둘 다 힘들다. 우리가 살아가는 것이 어디 쉬운 것인가?

이 글 노자 도덕경의 경經이란 뜻도 성인들의 가르침의 책이므로 실제로 재미나 흥미가 없어 일시적인 흥행은 하지 못하지만 오랜 세월의 시간을 두고 인간들에게 가장 유익한 가르침을 주는 것이다. 비슷한 예로 불교의 팔만대장경(반야심경, 금강경…), 유교의 사서삼경, 기독교의 성경 등에 모두 '경' 자가 들어간다.

제23장

希言自然
희 언 자 연

希言自然 故飄風不終朝 暴雨不終日 孰爲此者? 天地
희언자연 고표풍부종조 폭우부종일 숙위차자 천지

天地而不能久 又況於人乎! 故從事而道者同於道
천지이불능구 우황어인호 고종사이도자동어도

德者同於德 失者同於失 同於導者道亦樂得之
덕자동어덕 실자동어실 동어도자도역락득지

同於德者德亦樂 得之 同於失者道亦失之
동어덕자덕역락 득지 동어실자도역실지

자연의 법을 따른다. 회오리 바람은 아침 내내 불지 못하고, 폭우
도 하루 종일 내리지 못한다. 누가 이렇게 할 수 있는가? 그것은 천
지天地이다.

천지도 그렇게 오래 지속할 수 없는데 하물며 인간이 이렇게 할
수 있을까? 고로 도를 따르는 사람은 도와 같아지고, 덕을 따르는
사람은 덕과 같아지고, 도덕을 잃은 자는 비도덕한 것과 같다. 도를
행하는 자는 즐겁게 살아가는 길을 얻고, 덕을 행한 자는 즐겁게
살아가는 길을 얻는다. 비도덕한 자는 즐겁게 살아가는 길을 모두
잃어 버린다.

해설 ▷▷ 이 장에서는 엇박자로 돌아가는 공의 법칙들을 예를 들어 설명하고, 도와 덕을 공의 법칙 중 엇박자로 돌아오는 순리로 이야기한다.

도와 덕의 순리

앞서 설명했듯이 도는 길이며 덕은 그 길을 좋게 가느냐 안 좋게 걸어가느냐의 차이다. 도덕을 행하면 좋은 길로 갈 것이며, 비도덕하게 행하면 안 좋은 길로 가는 것이 공의 법칙이기 때문이다.

좋은 길을 즐겁다 하지만 안 좋은 길은 즐거운 것을 잃어버린 것이며, 이는 괴로운 길을 살아가는 것을 말한다.

도를 지키기가 어려운 것은, 즉 좋은 길만 갈 수 없는 것을 말한다.

구름이 머물지 못하는 것은 바람이 불기 때문이다.

내가 향상하지 못하는 것은 바람이 불기 때문이다.

나무는 가만히 있으려고 하나 바람이 불면 흔들리게 되어 있다. 즉 '무의 세계'에서 바람이 불면 유의 세계의 사람은 흔들릴 수밖에 없다.

부는 바람

'마음에 부는 바람' – 불어오니 바람이라 한다. 삼재三災가 와도 겹칠 수 있다.

자신은 가만히 그 자리에 있어도 바람이 불어오면, 그 불어오는 바람의 강도에 따라 자신의 자리가 달라진다. 그 바람은 내 자신의 몸과 마음과 생각은 전혀 생각하여 주지 않고 전체를 흔들어 버린다.

부는 바람이란?

'공의 법'에 의하여 공이 돌면서 일으키는 바람을 말한다. 세상의 지혜가 없으면 이 바람을 감지하지 못한다. 현재의 존재를 흔들어 버린다. 누구도 피해 갈 수 없다.

바람은 때가 되면 불어온다. 우주 만물 모두는 이 바람을 맞는다. (적게는 3번 정도, 많게는 7번 정도까지 맞는다.)

바람의 시작은 '공의 이치'에 의해 '무의 세계'에서 일어나 불기 시작한다. 사람의 성품하고는 관계 없다고 할 수는 없으나 삼독 (탐,진,치)으로 인하여 부는 바람을 감지하지 못한다.

바람이 불 때는

모든 것이 환상이고, 드림이고, 로맨스고, 돈이 많이 들어올 것 같고, 천상에 있는 듯하고, 무엇이든 잘될 것 같고, 행복이 넘칠 것 같고…

이 같은 현상을 '바람을 탄다'라고 할 수 있다. 이렇게 부는 바람은 역풍이 불어야 멈춘다.

역풍이 불 때는

모든 것이 허상이고, 드림은 깨지고, 로맨스는 고통(이혼)이고,

빚에 쫓기고, 지옥에 있는 듯하고, 무엇이든 잘 안 되고, 불행으로 괴롭고 죽고 싶고… 이 같은 현상을 느낀다.

역풍의 멈춤

모든 것이 처음으로 되돌아온다. 즉 원점으로 되돌아와서 안정을 찾는다. 다만 물질적, 정신적, 육체적 상처는 남는다.

부는 바람과 역풍을 '세상의 늪'이라 한다. 세상의 늪은 모든 것을 빼앗고, 때가 되면 소멸되기 때문에 그때 빠져나온다.

늪에 빠지면 혼자서는 못 나온다. 때를 기다려야 한다. 늪에 빠진 사람의 손(도와준다)을 잡는 사람도 같이 빠질 수 있다. 빨리 빠져 나오려면 더 깊이 빠진다.

바람의 종류 – 이 바람은 보이는 바람이 아님을 알아야 한다.

강한 회오리 바람(태풍) – 가정이 풍비박산 한다

강한 바람(중간 바람 정도) – 가정이 시련을 겪는다

약한 바람 – 개인이 시련을 받는다

가정 있는 남자 또는 여자의 바람, 마약류 등 약물 중독 바람, 노름 등 사행성 바람, 돈 욕심으로 사업 확장 바람 등… 그외 많은 상상 이상의 바람도 있다.

바람이 불어 오기 전의 징조

이 바람은 '공의 법'에 의하여 '무의 세계'에서 불어오기 시작하니, 또한 '무의 세계'에서 징조를 가르쳐 준다.

강도에 따라 늪에 빠지는 시간이 다르다.

① 신을 모독(불신)하고 무시한 죄(성스러운 곳에서 소란을 피움).

현세에서 고통스럽게 사는 것은 당연(하는 일마다 안된다)하고, 죽어서도 영원히 고통의 윤회를 벗어나지 못한다. 절, 성당, 교회, 기타 성스러운 곳과 납골당, 공원 묘지 등 '무의 세계'를 모독한 죄는 가장 크니 말조심하여야 한다.

② 사람을 죽인다(자의든 타의든 같다).

20년 이상이 괴로우며, 모든 일이 잘 안 된다. 사회 법망을 피해가도 세상의 존재(신神)로부터는 벗어나지 못한다. 나라의 헌법에 의하여 받는 벌도 포함된다.

③ 배 속의 아이를 낙태시킨다.

개월 수에 따라 조금씩 다르나 최고는 20년까지 괴로우며, 모든 일이 잘 안 된다. 사회 법망을 피해가도 세상의 존재(신神)로부터는 벗어나지 못한다.

④ 사람에게 상해를 입힌다(화를 참지 못하고 포악해진다).

경중에 따라 다르지만 최장 10년까지 괴로우며, 모든 일이 안 된다. 사회 법망을 피해가도 세상의 존재(신神)로부터는 벗어나지 못한다.

⑤ 부양하거나 공양할 존재를 버린다.

경중에 따라 다르지만 최장 10년까지 괴로우며, 모든 일이 잘 안 된다. 사회 법망을 피해가도 세상의 존재(신神)로부터는 벗어나지 못한다.

⑥ 고집(욕심)으로 주위 사람 말(특히 가족)을 듣지 않고, 사업을 한다.

경중에 따라 다르지만 최장 3년까지 괴로우며, 모든 일이 잘 안 된다.

⑦ 업종이 완전히 다른 사업을 한다(자신이 모르기 때문에 주방장에게 사업을 맡기는 격이다).

경중에 따라 다르지만 최장 3년까지 괴로우며, 모든 일이 잘 안 될 수 있다.

⑧ 동업으로 사업을 한다(모르는 사람이거나 앞면이 있는 사람이 동업을 제의).

경중에 따라 다르지만 최장 3년까지 괴로우며, 모든 일이 잘 안 될 수 있다.

⑨ 삼재 때

경중에 따라 다르지만 최장 2년까지 괴로우며, 모든 일이 잘 안 될 수 있다.

⑩ 우울증 현상이 생기는 경우

마음에서 일어나는 일시적인 바람으로 심한 자괴감에 빠져 괴로워한다. 최악의 경우 자살을 한다. (가족이나 가까운 사람들이 도와주어야 한다)

⑪ 우연히 동물을 죽인다.

그해 하는 모든 일이 안 되고, 또는 벌어진 일(사업이나, 장사)이 모두 안 되고, 괴롭게 된다.

⑫ 남녀간 바람이 난다(가정이 있는 경우).

경중에 따라 다르지만 2~3년 정도에서 괴로우며, 모든 일이 잘 안 된다. 바람이 3년 넘게 가면 더 험한 환경이 올 수 있다.

⑬ 역술에 원진살, 상충살이 있는 사람과 만나 돈 거래를 한다.

조만간 모든 일이 안 되고 괴롭다. 후유증도 1년 넘게 간다.

⑭ 사람 간, 또는 사회 질서를 해하는 경우

때가 되면(쌓이면) 모든 일이 안 되고, 괴로운 '고'의 시초가 된다.

세상의 늪에서 빠져 나오는 방법

첫째, 자살을 한다.

가장 빠른 방법이지만 그 가족이나 후대는 평생 안 풀릴 수 있다.

둘째, 납짝 엎드려 '무의 세계' 즉 '신'에게 살려달라고 빈다.

자신의 잘못을 인정하고 참회하면 약간의 상처가 남고, 고생은 하겠지만 빠르면 1년, 늦어도 2년 이내는 거의 모든 것이 정상으로 되돌아온다. 죽을 만큼 힘든 때가 오면 무(신) 앞에서 몸으로 간절함과 함께 힘든 고행을 행하라. 그 은혜를 받을 것이다.

셋째, 세월만 보낸다.

아무런 뜻없이 살아간다. 이 사람 때문에 주위 사람들이 괴롭게 살아간다.

넷째, 남을 탓하며, 나름의 큰 것 한 건만 바란다.

이는 하는 일마다 되지 않으며, 자신과 가족, 주위까지도 힘들게 하며 언제 끝날지 모르는 고난의 세상을 죽을 때까지 살아갈 수 있다. 실제로 자신은 모른다.

이 중에 가장 현명하게 빠져나오는 길은 두 번째 방법이며, 빨리 빠져나오고 싶으면 몸으로 땀(삼독(탐, 진, 치)의 독물)이 날 정도로 간절한 고행을 행하라. 그 은혜를 입을 것이다.

혹 주위에 자신과 관련있는 사람이 이 세상의 늪에 빠져 자신이 손해를 보았거나 물질적으로 받을 것이 있다면, 압박(계속 독촉)하는 것보다 인내를 가지고 자비를 베풀어 그 사람에게 용기를 주고 다시 일어설 수 있도록 기다리고 도와준다면 반드시 이 사람은 나중에 빚도 갚고, 베풀어준 고마움에 은혜로 갚을 수도 있을 것이다.

'세상의 늪'에는 때가 되면 누구나 빠지며, 또한 때가 되면 빠져나오게 만들어 놓았기 때문에 때를 기다려야 함은 당연한 것이다. 심하게 재촉하면 일명 완전한 잠수를 타게 된다.(야밤도주) 단, 상대의 성품을 보고 거래(상대)를 하는 지혜가 필요하다.

맞지 않는 사람, 맞지 않는 환경이나 상황에서 견디는 것 또한 고생이며, 생활의 고행이다. 다만 이를 모르면 고생이라 할 수 있다.

살다 보면 하는 일에 대하여 진퇴양난인 경우가 있다.

이것은 시련이 다가오는 징조로 불어오는 바람이니 피해 갈 수 없다. 자신의 자세를 낮추는 것이 현명하다. 이렇게 진퇴양난의 경우에 처하게 되면 정도를 보고 정법을 따르는 것이 현명하다. 때가 되면(시간이 지나가면) 그 이유를 알게 된다.

직장 생활이나 사회생활을 하다 보면 이 같은 일에 처하는 경우가 있을 수 있으니 그때는 심사숙고하여 미련 없이 정도에 정법을 따르는 것이 지혜다.

부는 바람 중 삼재三災에 대하여 설명한다면

'삼재' – 삼재란 3년 동안 재수 없는 해란 뜻이다.

들삼재(들어옴), 눌삼재(유지함), 날삼재(나감)

삼재는 왜 일어나는가? 공을 이루기 위해 엇박자를 만들기 위해서다. 평균적으로 9년은 락樂, 3년은 고苦로 고락의 공을 이룬다. 다만 사람의 욕심에 따라 다를 수 있다.

지구가 태양을 중심으로 1번 도는데 걸리는 시간이 12달이며 1년이란 세월이 흐른다(공전).

천(하늘)이 한 번(1년) 도는 기운을 천간이라 하고, 천간은 갑, 을, 병, 정, 무, 기, 경, 신, 임, 계 등 10천간으로 정의한다. 이때 하늘의 엇박자인 지(땅)에서도 하늘과 조화를 이루어 1년에 한번씩 도는 기운을 '지지'라 하며 동물로 표현한다.

지지는 자(쥐), 축(소), 인(범, 호랑이), 묘(토끼), 진(용), 사(뱀), 오(말), 미(양), 신(원숭이), 유(닭), 술(개), 해(돼지) 등으로 12지지라 한다. 이 지지 하나가 한 해, 일 년을 뜻하지만, 또한 하루 24시간을 2시간씩 분리하여 시간으로도 나타낸다. 참고로 전날 23시(저녁 11시)에서 당일 01시(새벽 1시)까지를 자(쥐)시라 하며, 이렇게 2시간 간격으로 지지(띠) 순으로 시간을 정한다.

세상 이치가 엇박자로 돌아가기 때문에(태어나면 꼭 죽는다, 잘될 때 있으면 꼭 안될 때 있는 이치) 천지가 도는 순리 중 땅에서 도는 순리인 12지지에서, 즉 12년 중 3년을 엇박자인 안 될 때로 만들어 모든 것을 공으로 되돌리는 현상이며, 이는 '공의 이치'를 깨닫게 하기 위하여 '무의 세계'에서 일으키는 것이라 할 수 있다. 이것은 만들어진 공의 이치(법)이기 때문에 피해 갈 수 없다.

이는 역술을 보든 안 보든 일어나며 이 역술을 믿지 않는 나름의 나라에서는 슬럼프에 빠진다고 할 수도 있다. 이 삼재는 누구도 피해 갈 수 없으며, 욕심에 따라 달리 나타난다.

삼재三災는

일재一災(들삼재) - 바람이 부는 것을 '일재一災'라 한다. 탐(욕심)으로 대박이 날 것 같은 꿈을 꾸고, 초월한 상상까지 한다. 자기 마음 안에서 바람('무의 세계'에서 불어 줌)이 일어나는데, 그 사람의 달라진 행동이 다른 사람의 눈에 보이거나 느껴지지만 당사자인 자신은 느끼지도, 보이지도, 누구의 말도 들리지 않는다. 보통는 물질적(돈)으로 욕심을 많이 부린다.

　이재二災(눌삼재) – 부는 바람이 멈추고, 역풍이 불기 전을 '이재二災'라 한다. 탐(욕심)으로 꾸었던 꿈은 서서히 산산조각 깨어지고, 현실은 자괴감과 허무함, 괴로움으로 나타나며, 물질적, 육체적, 정신적, 마음적으로 엄청난 피해를 입을 수도 있다. 탐(욕심)을 내는 크기에 따라 달리 나타난다. 심하면, 가정이 무너지고, 재산이 몰락하고, 빚더미에 앉고, 정신은 흐릿하고, 죽고 싶고 등으로 나타난다. 물질적(돈) 피해, 육체적 아픔, 정신적 괴로움 등을 겪을 수 있다.

　삼재三災(날삼재) – 역풍이 불어 제자리로 돌아오는 것을 '삼재三災'라 한다. 빼앗긴 것을 추스리며 원상복귀에 엄청난 노력(입에 단 냄새가 나도록 고생)이 시작된다. 원점으로 돌아왔기에 상처를 안고 다시 시작하는 때가 된다. 자포자기하는 자세에서 모두 잊어 버리려고 하며 다시 시작하는 것이다.
　삼재 때는 무엇이든 빼앗기게 된다. 돈, 정신, 건강 등을 잃어버릴 수 있으니 조심하고 또 조심하여야 한다. 삼재는 알고 조심하여도 빼앗기는데, 모르면 크게 빼앗길 수 있다.

삼재를 일어키는 대상
　직접적으로 보내는 것 – 천재지변이나 자연적인 현상을 일으켜 빼앗아 간다. (인간의 힘으로는 어쩔 수 없다.)

간접적으로 보내는 것 – 부모 형제, 친척, 친구, 동업자, 협력 업체 외 나를 아는 모든 사람들이 될 수 있다. – 자신의 부주의로 인한 사고 등

삼재를 완전하게 소멸할 수 없으나 자신의 몸과 마음, 정신 상태를 바짝 낮추어 조심하고, 공덕(수행, 보시, 기부, 봉사…)을 많이 쌓으면 삼재가 약해지니, 이 방법으로 피해 가야 한다. 이 삼재를 가벼이 여기면 크게 피해를 볼 수도 있다. 사람이 살다 조심해야 할 때가 바로 이 때라 할 수 있다.

삼재는 환갑(만 60살)까지 5번 찾아오나 어린시절 두 번은 부모님 슬하에 있으므로 크게는 모르고 지나갈 수 있으나 어른(성인)이 된 삼십 대부터는 몸소 느낄 수 있다.

이는 '공의 법＝세상 이치'이기 때문에 누구나 약 3번 정도 이상 고생을 느끼며 살게 되어 있다. 사업하는 사람이 평균 3번 정도 시련을 겪고 성공하는 것도 이와 같다. 3번 정도 느끼게 되면 깨닫게 되고, 나름의 안정권에 들어 안정적으로 행복을 느끼며 살아간다. (학계 통계학적으로 증명되었다.)

지금은 100세 시대이니 삼재가 돌아오는 해는 조심하는 것이 무조건 상책이다.

제24장

企者不立
기 자 불 립

企者不立 跨者不行 自見者不明 自是者不彰 自伐者無功
기자불립 과자불행 자견자불명 자시자불창 자벌자무공

自矜者不長 其在道也 曰餘食贅形 物咸惡之 故有道者不處
자긍자부장 기재도야 왈여식췌형 물함악지 고유도자불처

뒤꿈치로 서 있는 사람은 오래 서 있지 못하고, 가랑이를 벌려 큰
걸음으로 걸으면 오래 걷지 못하고, 자신의 견해를 드러내려고 하
는 자는 보여주지 못하고, 자신이 옳다고 하는 자는 빛나지 못하
고, 자신을 자찬하는 자는 공功이 사라진다.
자신을 자랑하는 자는 오래가지 못한다. 도의 관점에서 보면 바보
같은 짓이다. 도는 이런 사람을 싫어한다. 고로 도를 깨달은 사람은
이렇게 처신하지 않는다.

해설 ▷▷ 이 장에서는 자신을 위주로 살아간다면 엇박자로 돌아
오는 공의 법칙을 말하고 있으며, 이 법칙을 깨달은 자는 처신을
바로 한다고 말하고 있다.

자중감自重感의 공

자중감은 물질이 풍부해지면서 자신의 존재감이나 자신에게 손해가 생길까 하고 스스로 자신의 존재를 무겁게(우선) 하는 감정과 행동을 말한다.

자중감은 개인의 자존심으로부터 일어나게 된다. 그러다 보니 더욱 자신의 입장으로 모든 것을 보려고 하여 너의 감정을 건드리는 일들이 발생하게 된다. 더 나아가면 그 사회나 국가가 자신의 입장만 보고 나아가려는 현상이 생기며, 이는 '공의 법'으로 보면 원만한 공을 이루지 못하여 혼돈의 세상을 이룰 수 있다. 결국 자중감은 자신부터 살려는 '개인주의'이기 때문에 이런 사회가 더욱 나아간다면 혼돈된 세상이 되는 것은 자명한 사실이며 더 나아가 '국가 이기주의'로 항상 분쟁이 일어나고, 지구촌은 혼돈으로 앞날을 장담할 수 없게 된다.

자중감의 시작은 나부터 살아야 한다고 생각한 기성 세대들의 잘못된 의식 때문이며 그 피해자는 결국 나 자신과 나의 후손들이 된다.

자중감을 줄이기 위해서는 나도 득을 보고 너도 득을 보는 것을 함께하는 의식과 문화가 만들어져야 하며, 이는 서로가 대화하고 양보하여 적정선을 찾는 것이다.

개인은 개인대로, 사회는 사회대로, 국가는 국가대로 서로 득실의 이해관계를 적절히 하여야 한다. 또한 자중감은 어찌 보면 피해의식이라고도 할 수 있다. 가만히 있으면 피해를 보는 문화가 더욱 문제다. 배려가 없는 사회, 치열한 경쟁 사회, 착하면 손해 보는 사회, 나부터 살고 보자는 사회 등에서는 자중감이 낮춰지지 않을 것이다. 자존감(자존심)은 도약의 발판이 될 수도 있지만, 자중감은 아무짝에도 필요 없다. 자중감은 세상을 혼돈에 빠뜨리게 하는 원흉이 될 수도 있다. 다만 자신을 중하게 느끼는 만큼 너도 중하게 느낀다면 이런 사람은 현자라 할 수 있다.

자중감을 공의 도형으로 살펴보면

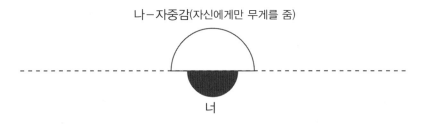

자중감의 공의 도형

이와 같이 하나의 공을 이루지 못하면 자기 자신부터 원만한 삶을 살아갈 수 없음을 알아야 하며 결국은 자신이 피해자가 된다.

내가, 우리가 살아가는 이곳은 모두 '공의 세상' 안이며 '공의 법'에 의해 원만한 공을 이루지 못하면 자신에게 괴로운 일들이 발생한다. '공의 법'은 하루 아침에 되돌아오는 것이 아니지만 때가 되면 필히 돌아와 그 대가를 받게 된다.

어머니는 훌륭하다. 그 열성으로 지금의 발전을 이룬 것도 사실이다. 어머니의 자식은 공의 인연으로 가장 귀중하다. 이런 연유로 모든 어머니의 자식들은 모두 귀중하다. 그러나 자신의 자식만 자중감을 키워준다면 다른 귀중한 자식들과 조화를 이루지 못하므로 어머니의 귀중한 자식은 진정 귀중한 존재가 되지 못할 것이다.

지금의 시대는 한 자녀를 낳아 잘 키우려는 환경과 여건으로 더욱 자기 자녀들에게 자중감을 강조하다 보니 서로 상충하여 충돌하는 경우가 많다.

참고로 시소라는 놀이 기구는 누구나 알듯이 한쪽이 올라가면 한쪽은 내려오면서 서로가 도움을 주는 재미있는 놀이 기구이다. 시소 놀이 기구는 혼자서는 절대로 할 수 없는 놀이며, 또한 한쪽의 무게가 너무 많으면 재미가 없는 놀이라 할 수 있다. 반대로 너와 내가 비슷한 무게이면 재미있는 놀이 기구다. 이 놀이 기구와 같이 자신에게 너무 자중감을 두게 되면 인생살이 재미가 없고 혼자가 되어 외로운 고품를 느끼게 된다.

"내 사전에 불가능이란 없다"의 공

다르게 해석하면 "내가 하는 일에 하지 못하는 일은 없다"라는 대단한 자신의 과시, 자만이 들어 있는 표현이다. 이 말은 누구나 할 수 있는 말은 아닐 것이다. 하지만 내 사전만 생각한다면 너의 사전은 어찌 되겠는가?

과연 '죽기 전까지 불가능이 없다'가 가능한 것일까?

결국 "내 사전에 불가능이 없다"고 하려면 너가 도와주어야 가능하다. 자신의 앞만 보고 간다고 모든 것이 가능한 것이 아니라 너와 함께 조화를 이루어 간다면 불가능이란 없을 것이다.

모든 일을 쉽게 보는 것도 나쁘다 할 수는 없다. 다만 공의 원칙을 알기 전에는 함부로 말해서는 안 되며, 알아도 자신을 낮추어야 만사가 가능해진다. 자신의 재능이나 능력을 함부로 과시하여 정도를 넘어가게 되면 오묘하고 미묘하게 돌아가는 세상의 뜨거운 맛을 겪게 된다.

공의 도형으로 살펴보면

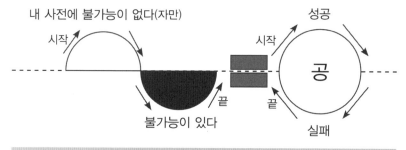

내사전에 불가능이 없다의 공의 도형

상기 도형으로 보면 자감하는 것은 공의 법칙의 독자성과 상대성이 모두 적용된다. (안 좋게 돌아가는 길道)

독자성은 공의 법칙을 깨닫지 못하였기 때문에 자만하는 것이고, 그런 무지로 너를 상대하니 결국 불가능해지는 것이다.

삶의 '공의 이치' 차이(깨달은 자와 깨닫지 못한 자의 차이)

상단은 깨닫지 못한 자의 의식이고, 하단은 깨달은 자의 의식이다.

내가 아니면 안 된다는 것은 내가 아니어도 된다는 것이고,
내가 아니도 된다는 것은 내가 된다는 것이 된다.

혼자 다할 수 있다고 하는 것은 혼자 다할 수 없고,
혼자 다할 수 없다는 것은 혼자 다할 수 있다.

내 뜻대로 된다고 하는 것은 내 뜻대로 안 되며,
내 뜻대로 안 된다고 하는 것은 내 뜻대로 된다.

내가 '나'다 하는 것은 '나'가 아니고,
내가 '나'가 아니라고 하는 것은 '나'가 된다.

내 성격(성질)이 '다'라고 하는 것은 '다'가 아니고,
내 성격이 '다'가 아니라고 하는 것은 '다'가 된다.

일이 잘된다고 하는 것은 잘되는 것이 아니고,
잘되는 것이 아니라고 하는 것은 잘되는 것이 된다.

최선을 다했다는 것은 최선을 다한 것이 아니고,
최선을 다하지 않았다는 것은 최선을 다한 것이 된다.

만족하는 것은 만족하는 것이 아니고,

만족하지 않는 것이 만족한 것이 된다.

인생에 답이 있다는 것은 답이 없는 것이고,

인생에 답이 없다는 것은 답이 있다는 것이 된다.

덕을 많이 쌓으면 많은 사람들이 저절로 바르게 도와주므로 혼
자서 다 할 수 있다.

예를 들어 한 나라의 대통령이 한 분야만 잘한다고 되는 것이
아니며 많은 분야의 올바른 전문가들이 스스로 이 지도자를 도와
줘야 그 지도자는 혼자서 다 한 결과를 가져오며, 불멸의 명성을
이루는 것이다.

제25장

有物混成
유 물 혼 성

有物混成 先天地生 寂兮寥兮 獨立不改 周行而不殆
유 물 혼 성 선 천 지 생 적 혜 요 혜 독 립 불 개 주 행 이 불 태

可以爲天下母 吾不知其名 字之曰道 强爲之名曰大
가 이 위 천 하 모 오 불 지 기 명 자 지 왈 도 강 위 지 명 왈 대

大曰逝 逝曰遠 遠曰反 故道大 天大 地大 王亦大 域中有四大
대 왈 서 서 왈 원 원 왈 반 고 도 대 천 대 지 대 왕 역 대 역 중 유 사 대

而王居其一焉 人法地 地法天 天法道 道法自然
이 왕 거 기 일 언 인 법 지 지 법 천 천 법 도 도 법 자 연

공의 세계(유, 무)는 천지가 생기기 이전에 먼저 존재했다.

공은 고요하며, 공허하다. 홀로 만들어졌으며, 순환 운행하며 그치지 않아서 천지만물의 어머니(근원)와 같다. 나는 그것의 이름을 몰라 도라고 이름 붙인 것이다. 억지로 표현한다면 대(大, 크다)라고 할 수 있다.

대(공=도)는 간다고 할 수 있고, 간다는 것은 멀다고 할 수 있고, 멀다고 하는 것은 돌아온다고 할 수 있다. 고로 도(공)는 크다고 한다. 하늘도 크고, 땅도 크고, 역시 인(사람)도 크다. 공의 세계에는 네 개의 큰 것이 있는데, 인간도 그 중에 하나이다. 인간은 땅의

법, 땅은 하늘의 법, 하늘은 도의 법, 도는 공의 법(이치)을 배워야 한다.

해설 ▷▷ 이 장에서는 노자가 공의 존재를 설명하고 있다.

불교에서 보살들이(제자) 부처님께 깨달음을 얻기 위해서는 아뇩다라샴막삼보리심을 발하였다면 어떻게 행하여야 하는가를 묻는데, 이는 아뇩다라샴막샴보리는 공을 의미하고 아뇩다라샴막삼보리심은 공을 깨닫는 마음을 뜻한다.

노자는 자연으로 공을 표현했다. 부처님은 아뇩다라샴막삼보리로 그 이름을 정定하였다. 만약 다른 사람이 공의 이치를 깨닫고 그 이름을 정한다면 다르게 표현할 수도 있다.

대(공=도)는 간다고 할 수 있고, 간다는 것은 멀다고 할 수 있고, 멀다고 하는 것은 돌아온다고 할 수 있다는 내용을 공의 도형으로 살펴보면

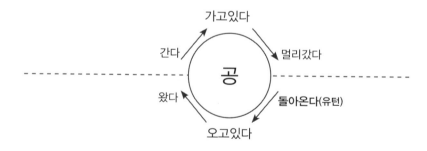

가고옴의 공의 도형

공의 세계는 가면 오고, 오면 간다. 가지 않으면 올 이유도 없고, 오지 않으면 갈 이유도 없는 것이다.

공의 세계에는 네 개의 큰 것이 있는데, 인간도 그 중에 하나이다. 인간은 땅의 법, 땅은 하늘의 법, 하늘은 도의 법, 도는 공의 법(이치)을 배워야 한다.

노자가 네 개의 큰 것이라고 한 공의 세계를 표현하면
하나, 욕계欲界로 공 자체 세계라 할 수 있다.
둘, 무색계(무의 세계)로 공의 세계 중 보이지 않는 세계라 할 수 있다.
셋, 색계(유의 세계)로 공의 세계 중 보이는 세계라 할 수 있다.
넷, 색계(유의 세계) 중 인간계로 중생들 중 최고의 능력을 갖고 있는 인간들의 세계라 할 수 있다.

공의 도형으로 살펴보면 다음과 같다.

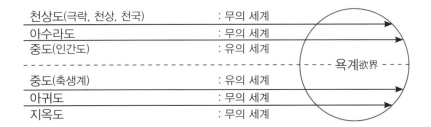

공의 세계의 공의 도형

불교에서는 윤회 사상으로 중생이 죽으면 49일 후 육도 중 자신의 업에 따라 윤회한다고 한다.

인간계는 색계에 태어나는 중생으로 제일 좋은 세계라 할 수 있지만 나라마다 사람마다 태어남이 달라 자신이 공의 이치를 깨닫고 행한다면 천국과 같은 세상을 살 수 있다.

참고로 육도를 표현하면

지옥도地獄道, 아귀도餓鬼道, 축생도畜生道 − 삼악도三惡道라 한다.

인간도人間道, 아수라도阿修羅道, 천상도天上道 − 삼선도三善道라 한다.

인간계의 인간의 공功

사람의 공功 − 자신의 분수(자신의 자리)

타고난 자리이며 정해진 자리이다 − 전생前生의 공功이다.

누가 봐도 잘되었다는 사람도 실제로는 50%의 공功이다.

사람의 타고난 복福을 말한다.

나머지는 살아가면서 만들어 가는 공덕이며 50%의 공功이다.

사람이 살아가면서 만드는 복福을 말한다

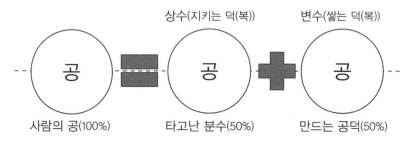

인간의 공의 도형

공덕은 공음덕과 공양덕으로 분류할 수 있다.

공음덕功陰德

자신을 수신하는 것으로, 수행(고행)을 말한다.

현생現生의 공功이다. 이 수행(고행)으로 1~50%의 공功을 얻는다. (고행의 경중에 따라, 시간에 따라 1~50% 공功을 얻는다.)

공음덕의 고행은 강도와 기간에 따라 그 깨달음이 다르기 때문에 많은 인내가 필요하며, 그 고행을 포기하면 그때까지의 깨달음만 얻게 된다.

공음덕은 시간적으로 늦게 돌아오지만 그 복은 어디에도 비유할 수 없을 정도로 크다. (깨닫는 데 시간이 많이 걸리는 것을 의미한다) 그 은혜가 늦게 돌아오는 이유는 깨달음을 얻는 데 많은 시간이 많이 걸리기 때문이다.

예를 들어 불교의 교주이신 석가모니 부처님과 역대 큰 고승들과 스님들과의 깨달음이 다른 것과 같은 이치다.

불교에서는 공음덕을 법 보시라 한다. 모든 불경은 부처님이 중생들에게 법 보시를 하는 것으로 보면 된다. 또한 노자 도덕경도 노자가 우리에게 주는 공음덕이라 볼 수 있다.

공양덕功陽德

남에게 보시, 공양하는 것으로 베풂을 말한다.

현생現生의 공功이다. 이 수행으로 1~20%의 공功을 얻는다. (고행의 경중에 따라, 시간에 따라 1~20% 공功을 얻는다.)

너에게 쌓는 덕德을 말하며 자신의 복福(물질, 정신, 육체적)으로 돌아온다.

보살이 불전에 시주하거나 불우한 이웃을 돕는 것이 공양덕에 포함되며 덕을 베푸는 크기에 따라 돌아오는 복의 크기도 달라진다.

공양덕의 수행은 양과 기간에 따라 그 돌아오는 복이 다르다. 또한 시간적으로는 빠르게 되돌아 오지만 그 복은 짧게 끝난다.

예를 들어 오늘 금전적으로 너를 위하여 보시, 헌금, 기부를 한다면 그 한 양의 이상이 며칠 이내 되돌아오며 공을 이루고 소멸된다. 또한 공양덕을 포기하게 되면 그때그때 보답을 받아 공을 이루었기 때문에 더 이상의 복은 없다 할 수 있다. 이런 연유로 자비심과 자애심이 천성과 일상이 되도록 그 마음을 갖는 것이 좋다.

생활에서의 공덕을 쌓는 것은 자신의 분야에서 수단手段을 쓰되 너에게도 덕德이 되고 자신에게도 덕德이 되는 수를 쓰는 것이다.

이 수는 정직한 마음이 우선 되어야 한다. 또한 상대성이기 때문에 상대에 따라 자신의 덕(깨달음)이 달라진다. 실제로 이 수는 많은 체험으로 시간이 흘러야 후에 깨닫게 된다. 이 수로 시간이 지나면 오묘하고 미묘하게 자신에게 복福으로 되돌아온다.

현실에서 권력이나 이권 등 잘못된 수단을 부려 이룬 복福이 시간이 지나 해害로 다가와 재산을 모두 몰수당하거나 구속되는 것을 많이 볼 수 있다. 이것도 하나의 공을 이룬 결과이다.

타고난 자리는, 즉 50%는 '상수'이다 즉 정해진 자리며, 사주로 나름대로 판단한다. 공덕(공음덕, 공양덕)은 '변수'이며, 그 공덕의 크기에 따라 운명이 달라진다. 즉 팔자를 바꾸는 것이다. 타고난 자리는 성형, 개명한다고 달라지지 않으며, 그 또한 자신의 자리, 운명이다. (단, 선천적 기형은 예외다.)

한 사람의 인생은 단면(잘될 때)이 아닌 끝(죽기 전까지)까지 일생을 지켜본다면 알 수 있다. 어리석은 자는 한치의 단면만 보고 판단을 한다.

앞서 표현했듯 덕을 쌓기에 따라 자신의 길[道]이 달라진다고 했다. 그 사례를 들어보자.

『운명을 바꾸는 법』(정공법사 요범사훈了凡四訓, 이기화 옮김, 2006, 불광출판사)

요점: 16세기 중국에서 원요범袁了凡이 아들 원천계袁天啓에게 운명을 바꾸는 방법을 가르치기 위하여 쓴 글이다.

이 책의 내용을 적은 이유는 자신의 운명을 누구와도 비교할 수가 없고, 많은 사람들이 나름의 사주팔자(역학)를 보고 자신의 운명을 점쳐 믿고 있으나(나름의 용하다하는 점집인 경우) 그 또한 시간이 지나봐야 알 수 있고, 지나간 시간은 절대로 다시 돌아오지 않기 때문에 그것을 진실로 비교됨을 이야기하기 위해서다. 또한 이 글에 나타난 운명을 바꾸는 '공의 이치', 즉 '세상 이치'와 일치됨을 설명하기 위해서이다.

〈줄거리〉(여기서 나는 요범 선생을 말함.)

나는 젊은 시절, 어느 날 자운사慈雲寺에서 한 노인을 만났는데 그분의 성은 공孔씨이고 운남 사람이었다. 그분은 소자邵子가 쓴 『황극경세서皇極經世書』를 가지고 있으며, 이 책은 점성술과 예언에 관하여 매우 정확하다며, 이 책을 나에게 물려주고 사용법을 가르쳐 주려고 하였다. 나는 공 선생을 집으로 모셔와 공 선생의 예지 능력을 큰 일과 일상의 작은 일까지 시험하였는데 정확했다. 또한 공 선생은 내가 현縣에서 보는 고시에는 9등을 할 것이라고 예언했으나 모두 예언한 석차대로 합격을 하였다. 나는 공 선생에게 나의 남은 인생에 대하여 예언을 부탁했고, 공 선생은 계산 후 어떤 해에 어떤 시험에 합격하고, 어떤 해에 품생稟生(고등학생)이 되고, 어떤 해에 공생貢生(대학생)으로 승진하고, 나중에 사천성四川省의 지사가 되리라고 예언한다. 또한 그 직위에 3년 반 근무한 후 은퇴하여 고향으로 돌아오며, 53세가 되던 해 8월 14일 축시에 죽게 될 것이라고 하였다. 불행히도 자식은 없을 것이라고 에언했고 나는 잘 기록하고 기억하였다.

모든 시험 결과와 승진한다는 것까지 모두 공 선생의 예언이 적중하였다. 이런 연유로 나는 책에 대한 관심을 잃어버렸고 전혀 공부도 하지 않았다.

그 이후 나는 남경에 갔다. 그곳에서 국립대학에 입학하기 전 서하산捿霞山의 운곡雲谷 스님을 찾아뵙고 선방에서 스님과 사흘 밤낮을 자지 않고 마주보며 좌선하였다. 좌선이 끝난 후 운곡 선사가 말씀하셨다.

"보통 사람이 성인이 될 수 없는 것은 망념 때문이오. 사흘 동안 좌선하면서 나는 당신에게 단 하나의 망념도 일어나지 않음을 보았소. 무슨 까닭이오?"라고 스님이 물었다.

나는 지금까지의 예언을 말씀드리고 "운명이 정해져 있는데 더 이상 어찌 하겠습니까"라고 답변을 드렸다. 운곡 선사는 실망을 하며 대신 운명을 바꾸는 방법을 말씀하신다. 그 운명을 바꾸는 방법은….(이하 생략)

나는 그분의 조언을 감사히 받아들이고 존경하는 마음으로 엎드려 절하여 바쳤다. 그리고 불상 앞에서 크고 작은 내 과거의 모든 과오를 참회하기 시작했다. 나는 과거에 합격을 바라는 소원을 쓰고(발원문) 조상님과 하늘과 땅에 대한 나의 보은의 마음을 보이기 위해 3천 선행을 하기로 맹세하였다. 선사는 내 서원을 듣고 선한 일과 악한 일을 기록하는 법을 가르쳐 주었다. 선사는 악한 일은 선한 일을 상쇄相殺한다고 경고하였다.

내 이름은 '넓게 배우다'의 뜻으로 학해學海였으나 운곡 선사로부터 가르침을 배운 후 이름을 '평범함을 초월한다'는 뜻인 요범了凡으로 바꿨다.

운곡 선사를 만나 가르침을 받고, 3천 선행의 서원을 세운 그 다음 해, 공 선생이 3등 하리라고 예언한 예비 과거 시험에서 1등을 했다. 또한 과거 시험에 실패하리라 예언했는데, 그 해 가을에 합격했다. 내가 처음 맹세한 3천 선행(善行＝덕德)을 마치는데 10년 이상이 걸렸다. 그리고 자식을 구하는 둘째 원을 발했다. 나는 또 하나의 3천 선행을 다할 것을 맹세했다. 몇 년 후 자식을 낳았고

'천계'라고 이름 지었다. 두 번째 서원한 3천 선행은 4년에 마쳤다.

두 스님을 집으로 초청하여 회양했다. 그리고 그 해 9월 13일에 과거 시험에 합격하여 진사가 되는 세 번째 소원을 세웠다. 나는 또한 1만 선행을 하기로 맹세하였다. 3년 후 나는 시험에 합격하여 소원을 성취했다. 또한 보지寶址현의 현장縣長이 되었다.

1만 선행은 많은 시간이 필요하여 걱정을 했으나 꿈에 신인神人을 만나 어려움을 이야기했다. 그 신인은 직책이 현장이므로 농지에 대한 세금을 감면할 것을 상기시켰다. 그 하나의 선행이 1만 선행의 값어치가 있었다. 이로서 1만 선행의 맹세는 완수되었다고 느꼈다.

때마침 환여幻余 선사가 현에 들르셨다. 나는 꿈 이야기를 하고 세금을 감면한 것을 말씀드리니 선사께서는 진실한 마음으로 대가를 바라지 않고 선행을 할 수 있다면 그 하나의 행동이 1만이 넘는 사람들에게 이익을 주었기 때문에 1만 선행을 이룬 것이라고 말했다.

이 말을 듣고 곧 내 저금한 모든 돈을 선사께 오대산으로 가지고 가도록 드렸다. 나는 그 돈을 1만 스님에게 음식을 공양하는 데쓰고 그 공덕을 나를 위해 회양하도록 부탁드렸다.

공 선생은 내가 53세 되던 해 8월 14일 축시 죽으리라 예언했다. 그러나 나는 하늘에 장수를 구한 바 없지만 큰 병 없이 그 해를 넘겼다. 지금 나는 69세이다. 요범 선생이 69세에 이 글을 자식 천계를 위하여 썼다.

상기의 요범사훈의 내용처럼 실제로 겪어보지 않으면 믿기지 않는 것이 현실일지도 모르지만 시간은 기다려주지 않고 흐르기 때문에 세월을 그냥 흘려보낸다면 후일은 필경에 후회하게 될 수 있다.

덕 없는 사람들의 행동

무조건 아끼려고만 하고 야박하게 구는 사람

자신의 허물은 용서가 되고 남의 작은 허물은 용서가 되지 않는 사람

손해를 보면 보복을 해야 직성이 풀리는 사람

항상 언행을 비딱하게 하고 남에게 상처를 주는 사람

음식을 지저분하게 남기는 사람

남의 험담을 입에 달고 다니며, 욕을 수시로 하는 사람

남이 잘되면 시기 질투로 배아파 하는 사람

남탓이나 변명을 교묘히 하고 무책임을 행하는 사람

깨을러고 공짜 좋아하여 남에게 기대려는 사람

부모에게 불효하는 사람

이는 덕을 쌓지 않기 때문에 나에게 돌아오는 덕이 없는 것이다.

제26장

重爲輕根
중 위 경 근

重爲輕根 靜爲躁君 是以聖人終日行 不離輜重 雖有榮觀
중 위 경 근 정 위 조 군 시 이 성 인 종 일 행 불 리 치 중 수 유 영 관

燕處超然 奈何萬乘之主 而以身輕天下 輕則失本 躁則失君
연 처 초 연 내 하 만 승 지 주 이 이 신 경 천 하 경 칙 실 본 조 칙 실 군

무거움은 가벼움의 뿌리이며, 고요함은 시끄러움의 주인이다.
그러므로 군자는 하루종일 행동함에 짐수레의 굴러가는 바퀴처럼
시끄럽지 않게 조용하고 무겁게 행동한다. 비록 영화롭게 있거나
향연을 즐기는 곳에서도 초연하게 행동한다.
큰 나라의 주인이 가볍고 천하를 다스리려 하는가? 가벼우면 그
근본을 잃고, 성급하면 자신을 잃게 된다.

해설 ▷▷ 이 장에서는 엇박자의 공의 원리와 공의 이치에 따라
행해야하는 군자의 몸가짐에 대해 말한다.

행복 안에 불행 있고, 불행 안에 행복 있다. 시끄러움 안에 고
요함이 있고, 고요함 안에 시끄러움 있다. 깨끗함 안에 더러움이
있고, 더러움 안에 깨끗함 있다. 공의 이치는 항상 이와 같다.

상기의 내용 중 군자君子의 도에 대하여 유교의 중용을 인용하여 공의 도형으로 설명하면 다음과 같다.

중용中庸이란 무엇인가?

중中은 '가운데 중'을 말하며 양끝의 중심을 말하는 것이다.

용庸은 '쓸 용'을 말하며 중에서 벗어나지 않게 적절하고 조화롭게 쓰는 것이다.

예를 들어 나는 덕이 되고 너는 해가 된다면 이는 반중용으로 엇박자가 조화를 이루지 못한 것을 말하며 이런 행동을 하는 자를 소인이라 한다. 반대로 나도 덕이 되고 너도 덕이 된다면 이는 중용으로 엇박자가 조화를 이룬 것을 말하며, 이런 행동을 하는 자를 군자(대인)라 한다.

중용과 반중용을 간단하게 공의 도형으로 설명하면

중용의 공

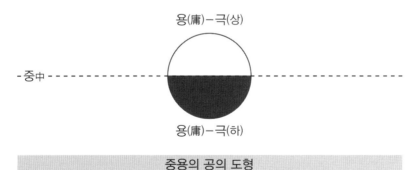

중용의 공의 도형

상기 도형에서 중용은 극과 극이 잘 조화를 이루는 것을 말한다. 즉 상과 하의 양극을 판단하여 중을 선택하는 것을 말하며, 군자가 배우고 행하여야 할 길이다. 다르게 말하면 군자의 길이라 할 수 있다.

지금의 행동에 대하여 미래를 예견하고 행하는 것을 말한다.즉 공의 이치를 깨달음으로 돌아올 결과를 예견하는 것이다.

반중용의 공

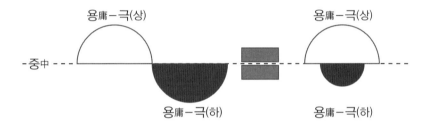

반중용의 공의 도형

상기 도형에서 반중용은 극과 극이 잘 조화를 이루지 못하는것을 말한다. 즉 상극을 제대로 판단하지 못하여 시간이 지나면 상반되는 엇박자의 결과를 가져온다. 군자가 행하지 말아야하며, 벗어나야 할 길이다. 다르게 말하면 소인의 길이라 할 수 있다

지금의 행동에 대하여 미래를 예견하지 못하고 행하는 것을 말한다. 즉 공의 이치를 깨닫지 못함으로 돌아올 결과를 예견하지 못하는 것이다.

소인을 공의 도형으로 살펴보면

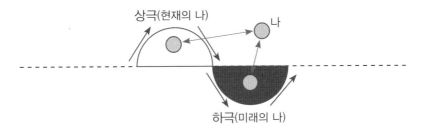

소인의 공의 도형

상기 도형의 돌아가는 공의 세상을 모르는 무지無智로 인하여 상극에 있던 자신이 때가 되면 하극에 존재하게 되며, 그때 자신의 본성이 나오게 되므로 자신도 모르는 존재가 무슨 큰일을 행할 수 있겠는가? 이런 연유로 이런 사람들을 유교에서는 소인라 한다. 그래도 공의 도형에서 소인이 공의 크기 만큼(자신이 볼 때 큰물) 자신은 대인라 말할 수 있다.

대인을 공의 도형으로 살펴보면

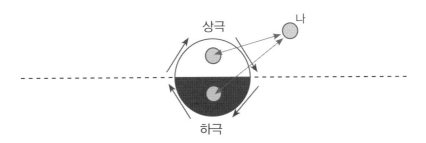

대인의 공의 도형

상기 도형에서 대인은 돌아오는 공의 이치를 알고 있기 때문에 처신을 바르게 하여 그 중심을 잃지 않는다. 항상 행동에서 공을 이루는 것이 대인이라 할 수 있다. 다만 극과 극의 크기를 깨닫는 차이를 '제가', '치국', '평천하'로 분류하는 것이다.

좋은 세상에 있으면 안 좋은 세상이 오고, 안 좋은 세상에 있으면 좋은 세상이 오기 때문에 대인은 평상심을 잃지 않고 나름대로 돌아오는 때를 기다리는 것이다.

일상에서 대인의 행동을 예를 들어보면, 자신의 분야에서 한가지 일을 두고 처음 시작과 끝을 볼 수 있어 자신도 만족하고 상대인 너도 만족하여 하나의 공을 이루고 소멸(깨끗이 정리)된다면 그 사람을 대인이라 할 수 있다. 이런 사람에게는 큰 일을 맡겨도 모두 깨끗이 공을 이루고 소멸시킬 것이다.

일상에서 중용을 응용하여 설명하면

꿩 먹고 알 먹고, 누이 좋고 매부 좋고, 너도 좋고 나도 좋고…

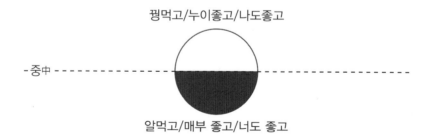

일상의 중용의 공의 도형

상기 도형에서 중용도 이와 같이 함께 조화를 이루고 공을 이룰 때라 할 수 있다. 다만 욕심이나 나의 욕심으로는 절대 공을 이룰 수 없다. 이는 불변의 공의 법칙 때문이다.

제27장

善行無轍迹
선 행 무 철 적

善行無轍迹 善言無瑕謫 善數不用籌策
선 행 무 철 적　선 언 무 하 적　선 수 불 용 주 책

善閉無關楗 而不可開 善結無繩約 而不可解
선 폐 무 관 건　이 불 가 계　선 결 무 승 약　이 불 가 해

是以聖人常善救人 故無棄人 常善救物 故無棄物
시 이 성 인 상 선 구 인　고 무 기 인　상 선 구 물　고 무 기 물

是謂襲明 故善人者 不善人之師 不善人者 善人之資
시 위 습 명　고 선 인 자　불 선 인 지 사　불 선 인 자　선 인 지 자

不貴其師 不愛其資 雖智大迷 是謂要妙.
불 귀 기 사　불 애 기 자　수 지 대 미　시 위 요 묘

선행(좋은 행동)은 자취를 남기지 말고, 좋은 말(선언)은 허물을 없
게 하고, 착한 수(선수)는 피를 쓰지 않는다. 문을 잘 잠그는 것(선
폐)은 빗장을 쓰지 않더라도 열지 못하게 한다. 묶기를 잘하는 것
(선결)은 밧줄을 쓰지 않더라도 풀 수 없도록 한다.

이런 이치를 깨달은 성인은 항상 사람을 구원한다. 고로 물리치는
사람이 없다. 항상 만물을 구원한다. 고로 물리치는 만물이 없다.
이것을 "밝음에 이른다"라고 한다. 고로 선한 사람은 선하지 못한

사람의 스승이고, 선하지 않은 사람은 선한 사람의 귀감이 된다. 스승을 귀하게 여기지 않고, 귀감이 되는 것을 소중히 여기지 않으면 비록 지식은 있을지라도 크게 어리석은 것이다. 이것은 오묘하고 미묘하며 중요한 진리이다.

해설 ▷▷ 공의 이치를 깨달은 자의 모든 행동은 선善으로써 행하며, 그 행이 유의 세상에 모범이 되는 것을 말한다.

잘못을 모를 때는 천지天地가 두렵지 않으나, 잘못이라는 것을 깨달으면 천지天地가 두렵다.

이런 연유로 깨달음을 얻은 옛 성현들은 '세상 이치'에 어긋남이 없게 행동을 한 것이다.

내가 선이면 내가 선해지고 내가 선하면 나는 즐겁다. 내가 악이면 내가 악해지고 내가 악하면 나는 괴롭다.

결국 공의 이치를 깨달은 자는, 선은 나의 즐거움이고, 악은 나의 괴로움인 것을 알기 때문에 선을 행하는 것이다.

선수善數는 꾀를 쓰지 않는다.

수數 – 사람과 사람이 살아가면서 먹고 살기 위해서 꼭 써야 하는 수단. 그러나 정도를 넘으면 자신에게 화로 되돌아온다.

수의 종류

첫째, 약弱수

사람이 사람을 상대할 때 약弱수는 자신의 굴레를 도는 원인이 된다. 악수惡數라 할 수 있다.

뒤통수 치는 수, 비겁한 수, 꼼수, 약은 수, 속임수, 교활한 수 등 자신에게만 덕이 되는 수를 말한다.

약수를 많이 쓰면 그 순간은, 또는 일시적으로는 자신이 득을 보지만 그 수로 인하여 세월이 흐르면 괴롭고, 힘든 일들이 오묘하고 미묘하게 일어나 자신을 힘들게 한다. 왜냐하면 그 수로 인하여 너에게 피해를 줄 수밖에 없기 때문이다. 고로 공의 법에 의하여 엇박자로 돌아오면 자신에게 화가 되는 것이다.

둘째, 강鋼수

사람이 사람을 상대할 때 강鋼수는 모진 수로 모가 나게 된다. 모서리는 확 꺾이기 때문에 모진 수를 쓰는 인생도 그런 식으로 확 변할 수 있다. 악수惡數라 할 수 있다. 최후의 수단으로 엇박자의 결과를 가져온다. 자신에게만 덕이 되는 수를 말한다.

다른 쪽의 사람은 놀라거나 상처나 충격을 받는다. 강수는 많이 쓰면 안 된다. 맺었던 인연도 끝날 수 있다.

셋째, 중中수(묘수)

자신에게 덕이 되는 듯하다가도 아니고, 너에게 덕이 되는 듯하다가도 아니고, 미처 알기 어려운 수로 넘치면 악수惡數이고, 부족하면 선수善數로 신중에 신중을 기하여 행동하는 사람의 수를 말한다. 생활의 고수들이 행하는 수로 산전수전 많은 경험과 체험으로 결국 자신에게 덕이 되게 하는 수다. 나름 똑똑하고 많이 배웠다고 하는 사람들이 쓰는 수로 자칫 자충수自充手가 될 수 있다.

넷째, 정正수

사람이 사람을 상대할 때 정正수는 순리의 수로 순수함, 올바름의 수를 말한다. 나에게 덕이 되더라도 너에게 피해를 주지 않는 수로 원만한 공을 이루는 수를 말한다.

정수는 근본의 착함과 깨끗함으로 행하는 것이며, 세월이 흐르면 즐겁고, 행복한 일들이 오묘하고 미묘하게 일어나 이 사람을 도와준다.

다섯째, 무량무변無量無變의 수 (수의 양과 변화가 끝이 없다.)

사람이 사람을 상대할 때 무량무변의 수는 깨달음을 득한 현자의 수를 말한다. 나도 득이 되고 상대도 득이 되는 수이거나 나는 실(손해)이 되더라도 너에게 덕이 되게 하는 수로 상대에 맞게 올바름의 덕이 되게 하는 수이다. 이 수는 사람이 쓸 수 있는 최상의 수다.

이들 수 중 좋은 수를 생각하고 정성으로 만사를 대하고 무한 반복을 행한다면 서서히 변하는 자신을 볼 수 있고, 돌아오는 기쁨을 체험할 수 있다. 단 돌아오는 엇박자(복福)는 서서히 돌아오니 조바심과 수단으로 행하면 느낄 수가 없다.

　손자병법을 많은 사람들이 읽고 익혀 자신에 맞게 현실에 적용하는 경우가 있다. 이 또한 살아가는 수를 배워 이기거나 성공하기 위한 방법으로 쓰고 있는 것이라 할 수 있다.

　참고로 손자병법의 최고의 수는 싸우지 않고 이기는 수이다. 이는 나도 덕이 되고 너도 덕이 되는 수라고 할 수 있다.

　사람이 수를 쓰는 것은 자신이 먼저 살기 위한 수단이기 때문에 결국 어떤 식이 되든 너에게 작게나 크게 피해를 줄 수밖에 없다. 결국은 수로 인하여 자신이 피해자로 되돌아 오게 된다. 그러나 정수, 무량무변의 수는 너에게 덕을 주는 수임을 분명히 알아야 하며, 또한 시간이 지나면 자신에게도 복이 되는 수가 된다. 약수, 강수, 중수가 보통 사람들이 쓰는 수라면, 정수, 무량무변의 수는 깨달음을 얻은 사람이 쓰는 수라 할 수 있다.

　또한 약수, 강수는 악수법(惡手法 – 나쁜 수법)며, 정수, 무량무변의 수는 선수법(善手法 – 좋은 수법)라 할 수 있다

　이 모든 수들을 두루 많이 체험하고 고생을 해보면, 극에 가서는 깨달음을 얻을 수도 있다. 다만 거기까지 가기가 어렵고 힘들다.

　한때는 수로 돈을 벌 수 있다. 그러나 그 수로 한때는 그 돈을 잃어버릴 수 있다. 결국 수를 쓰면 후에 돌아오는 것은 알든 모르든 공空으로 돌아온다.

모든 수는 천지天地의 기氣가 보고, 듣고 있다. 자신이 사용한 수들은 오묘하고 미묘하게 때가 되면 드러나게 만들어 준다.

이런 이치를 깨달은 성인은 항상 사람을 구원한다. 고로 물리치는 만물이 없다.

부처님[佛]의 구원은

하화중생下化衆生

부처님은 상구보리(득도)를 이루신 분이시기에 중생들을 교화하시는 뜻이 부처님의 원이 아니겠습니까?

보살菩薩의 구원

상구보리하와중생上求菩提下化衆生

위로는 깨달음을 구하고, 아래로는 중생을 교화하는 보살의 수행, 곧 부처가 되어 중생에게 교화, 제도한다는 뜻의 공이라 할 수 있다.

보살의 원을 공의 도형으로 살펴보면

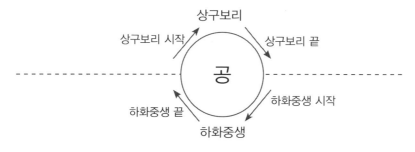

보살의 원의 공의 도형

이런 연유로 상구보리하화중생은 보살이 공을 이룬 상태라 볼 수 있다.

생활의 수행자의 구원

하구보리상화중생下求菩提上化衆生

생활의 수행자는 생활에서 깨달음(하학상달)을 얻어 다른 사람에게 덕이 되도록 교화, 제도한다는 뜻이다.

생활의 수행자의 원을 공의 도형으로 살펴보면

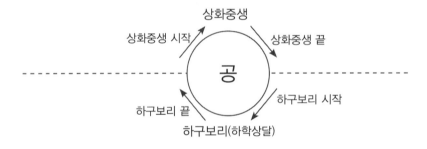

생활의 수행자의 원의 공의 도형

이런 연유로 하구보리상화중생은 생활의 수행자가 공을 이룬 상태라 볼 수 있다.

부처님께서는 보살이 먼저 깨달음을 얻고(상구보리) 중생을 교화 제도하기를 바라시지만, 깨달음이란(상구보리) 그리 쉽지 않기 때문에 깨달음을 얻기 전에 포기하는 경우가 많다. 수행(고행)이란 그렇게 호락호락하지 않기 때문이다. 또한 깨달음이란 가히 끝이 없다 할 수 있다.

스승을 귀하게 여기지 않고, 귀감이 되는 것을 소중히 여기지 않으면 비록 지식은 있을지라도 크게 어리석은 것이다. 이것은 오묘하고 미묘하며 중요한 진리이다.

진리는 하나이다. 즉 오묘하고 미묘하게 돌아가는 공의 법칙을 깨닫는 것이 지혜라 할 수 있다. 지식智識, 혜박該博, 학벌學閥, 학군學群 등으로는 깨달을 수 없다. 다만 선지식善知識이 없는 이유로 대중은 현혹될 뿐이다.

아무리 머리가 좋고, 학벌이 좋고, 똑똑하고, 비상하다 하여도 한때로 천지를 깨달을 수 없다. 자칫하면 명을 재촉할 수 있다.

제28장

知其雄
지 기 웅

知其雄 守其雌 爲天下谿 爲天下谿 常德不離 復歸於嬰兒
지 기 웅 수 기 자 위 천 하 계 위 천 하 계 상 덕 불 리 복 귀 어 영 아

知其白 守其黑 爲天下式 爲天下式 常德不忒 復歸於無極
지 기 백 수 기 흑 위 천 하 식 위 천 하 식 상 덕 불 특 복 귀 어 무 극

知其榮 守其辱 爲天下谷 爲天下谷 常德乃足 復歸於樸
지 기 영 수 기 욕 위 천 하 곡 위 천 하 곡 상 덕 내 족 복 귀 어 박

樸散則爲器 聖人用之 則爲官長 故大制不割
박 산 칙 위 기 성 인 용 지 칙 위 관 장 고 대 제 불 할

강함을 알면서 약함을 지키면 천하의 시내(물)가 될 수 있다. 천하의 시내는 항상 덕을 떠나지 않아서 영아의 상태로 돌아 간다.

밝음을 알면서 어두움을 지키면 천하의 법칙(이치)을 안다. 천하의 법칙(이치)을 알면 항상 덕에서 어긋남이 없어 무극으로 되돌아간다.

영화를 알면서 욕됨을 지키면 천하의 깊음을 알고, 천하의 깊음을 알면 항상 덕의 근본을 알아 근본 바탕으로 돌아가고, 바탕이 흩어지면 그릇(공을 이룸)이 된다. 성인이 그릇(공)을 활용(공위 법칙)하면 법(공의 법)을 오래도록 지키는 사람이 된다. 고로 큰 법도(공의 법칙)를 끊어지지 않게 한다.

해설 ▷▷ 이 장에서는 공의 법칙(이치)를 아는 자는 결국 공을 이룸을 말하고, 공을 이룬 성인들로 인하여 공의 법칙은 계속 후생에 전달하게 됨을 말한다.

강함과 약함은 엇박자로 공을 이루고, 밝음과 어둠은 엇박자로 공을 이루며 영화와 욕됨은 엇박자의 공을 이룬다. 이렇게 공을 이루는 것은 항상 덕이 있어야만 가능하다. 덕이 없으면 깨달음도 없고 공도 이루지 못하고 어긋나버린다. 이런 연유로 항상 덕(상덕 常德)이란 글을 넣는 것이다. 물론 이 덕은 쌓는 덕을 말한다. 노자는 이런 연유로 도덕경에서 덕을 중요하게 논하는 것이다.

"그릇(器)이 된다"는 공을 이룸을 의미한다.

제25장에서 보면

人法地 地法天 天法道 道法自然
인 법 지 지 법 천 천 법 도 도 법 자 연

노자는, 인은 지를, 지는 천을, 천은 도를, 도는 자연으로 결국 무언가 있는데 이를 자연이라 한 것이다. 이 장의 기는 자연이 곧 그릇(器)로 표현한 것이며, 그릇은 구형의 그릇인 공空을 의미한다.

성인이 그릇(공)을 활용(공위 법칙)하면 법(공의 법)을 오래도록 지키는 사람이 된다. 고로 큰 법도(공의 법칙)를 끊어지지 않게 한다.

이는 누구나 공의 법을 깨닫고 행동한다면 성인이 될 수 있음을 의미한다.

공의 법을 깨닫기 위한 수행자의 깨달음에 이르는 길[道]

유교의 사서오경四書五經 중 대학大學, 중용中庸 편에 나오는 글을 인용. 큰학, 즉 대학大學의 8조목이라 부른다.

격물, 치지, 성의, 정심, 수신, 제가, 치국, 평천하

제1단계 격물格物 - 누구나 사람으로 태어나 유아, 청소년, 청년기, 장년기를 거치면서 모든 우주 만물의 근원을 배우고 느끼며 자연스럽게 알아가는 과정을 말한다.

참고로 이 단계는 유치원, 초등학교, 중학교, 고등학교, 대학교, 대학원, 평생교육, 가정교육, 사회살이(직장 생활) 등을 보고 배우고 느끼는 것을 말한다.

깨달음에는 나이가 필요 없다. '평생교육'이라는 말도 깨닫는 데는 나이가 중요하지 않다는 것을 의미한다.

제2단계 치지治知 - 격물의 과정을 거치면서 모든 것이 자신의 뜻대로 되지 않는 세상의 오묘한 세상의 이치(진리)를 느끼게 되는 과정을 말한다.

참고로 이 단계 1단계의 격물에서 어느 순간 자신이 이 이치를 느끼기 시작한다.

제3단계 성의誠意 - 자신의 뜻대로 되지 않는 삶을 느끼고 제2단계의 단계를 넘어 '세상 이치(진리)'를 깊이 알려고 하는 과정을 말한다. 참고로 이때부터 생각과 고민을 많이 한다.

제4단계 정심正心 – 제3단계의 성심에서 생각과 고민을 넘어 나름대로 '세상 이치(진리)'를 깨달으려고 마음을 바로 잡고 이런저런 노력을 하는 과정을 말한다. 참고로 이때부터 서서히 수행자로써 첫 걸음을 걸으며, 미세하나마 '세상의 이치(진리)'를 느끼기 시작한다.

제5단계 수신修身 – 제4단계의 정심에서 '세상 이치(진리)'의 깨달음을 얻으려고 노력한 결과 자신에 맞게 수행하는 방법을 알게 되고, 자신의 방법대로 몸으로 수행(고행)을 시작하는 과정을 말한다. 참고로 이때부터 서서히 수행자로써 길을 가고 있는 것이다. 이때부터 '세상 이치(진리)'를 '무의 세계'로부터 교감 받기 시작한다.

제6단계 제가齊家 – 제5단계의 수신을 통하여 '세상 이치(진리)'를 깨달아 가는 과정에서 자신뿐만 아니라 자신의 주위까지도 올바르게 정리하는 과정을 말한다. 참고로 이때부터 서서히 다른 사람들이 자신을 수행자로 의식하게 된다. 또한 다른 사람들과 중생들이 살아가는 이유를 알게 된다.

제7단계 치국治國 – 수행의 경지가 깊어지면 오묘하고도 미묘한 '세상 이치(진리)'를 깨닫게 되고 이로 인하여 주위뿐만 아니라 많은 사람들이 수행자인 자신을 찾게 되는 과정을 말한다. 참고로 이때부터 나름대로 '세상 이치(진리)'인 깨달음에 도달한다.

제8단계 평천하平天下 - 이 단계는 오묘하고도 미묘한 '세상 이치(진리)'를 완전히 깨달은 상태를 말하고 이를 천하에 전하여 모든 사람들이 지니고 읽고 실천하여 모든 사람들이 더불어 함께 밝은 세상을 이루는 단계를 말한다. 평천하는 불멸을 말한다.

공의 도형으로 살펴보면

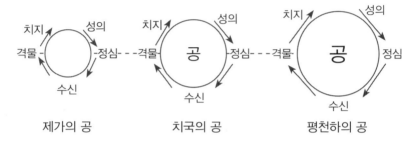

수신(깨달음)의 단계별 공의 도형

공의 이치는 너무 광대하고 오묘하고 미묘하여 어떤 수행자가 수행의 극을 이루어 득도를 하여 '공의 이치'를 알았다 하여도 이는 거기까지가 득도를 한 것이 된다.

수신修身과 수행修行이란 무엇인가?

수신은 자신의 몸을 닦는 것을 말하며, 이는 수행을 통해서만 가능한 것이다. 이런 연유로 수행을 어떻게 하느냐에 따라 수신하는 크기도 달라진다. 책을 보고 학습하는 것이나 또는 생각으로만 하는 수행은 그 수신의 크기가 행동으로 하는 수행에 어찌 비교할 수 있겠는가?

수신을 공의 도형으로 살펴보면

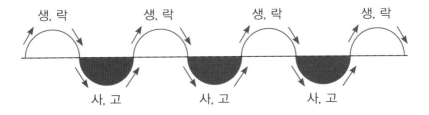

수신의 공의 도형

상기 도형에서와 같이 태어나 살면서 죽을 만큼 힘든 때가 있다가 죽을 만하니까 다시 살고, 살 만하니까 죽을 것 같은 이런 양극의 과정들을 무수히 돌아야 그 이치를 깨닫게 되고, 그 깨달음이 모두 공인 것을 알게 된다. 다만 왜 그렇게 양극을 왔다갔다 했는지 자신이 살아온 과거들을 선정(깊은 생각)에 들어 되돌아 본다면 그 원인과 결과를 깨닫게 되는 것이다. 이런 깨달음이 벗어나는 길도 깨닫게 된다. 이 길은 공안의 중생들 모두가 돌고 있는 이치이기 때문에 서서히 사람들에게 보이게 된다.

"자신의 과거는 자신의 스승이며 자신의 역사다. 고로, 자신에게서 세상을 배워 나가야 한다."

각 나라마다 역사가 있지만 우선 자신부터 깨닫고 역사를 보존하고 신인류를 만들어 나가야 하는 것을 말한다.

공의 이치로 보면 사람은 사십대(40~49)를 기준으로 사람마다 조금의 차이는 있지만 인생의 전환점이 온다. 이때를 엇박자의 경계 지점이라 할 수 있다. 이는 육체적, 정신적, 물질적으로 오묘하고 미묘하게 전환점이 만들어진다. 각 자者가 세밀하게 관하여 보면 느낄 것이다.

이 시기를 중심으로 전반기, 후반기 인생이 하나의 공을 이루게 하기 위하여 만들어진 공의 이치 때문이다. 자신이 살아온 이전의 삶을 전환점에서 유심히 관하여 살아온 과거를 되돌아보고 자신의 장단점을 포함한 자신의 분수를 깨달아 이후 삶의 지표로 삼아 나아간다면 인생에서 멋진 하나의 공을 이룰 수 있을 것이다.

나를 되돌아 보아야 하는 것들

자식들이 나에게 괴로움을 준다면 자신이 자식일 때를 되돌아 보아라.

지금의 현실이 나에게 괴로움을 준다면 과거의 자신의 행동을 되돌아 보아라.

오늘이 나에게 괴로움을 준다면 어제(과거)의 자신의 행동을 되돌아 보아라.

부부간에 상대가 나에게 괴로움을 준다면 과거 상대에게 행한 자신을 되돌아 보아라.

사람들이 나에게 괴로움을 준다면 과거 사람들에게 행한 자신을 되돌아 보아라.

인복人福이 없다고 믿는 사람이 고생을 많이 하여 깨달음을 얻으면 많은 사람들에게 복福을 전할 수 있다.

타고난 분수 안에 각자의 고생이 정해져 있다. 보통은 3번 (2~4) 정도로 끝나며, 자신의 자리를 잡아 나름의 행복을 느끼며 나머지 인생을 살아간다. 그러나 5번 정도까지 고생을 하며 살아가는 사람의 경우는 자칫 인생살이를 포기하다시피 할 수 있다. 해도 해도 안 되니 자포자기를 할 수밖에 없는 것이다. 또한 6회 이상 계속 이런 고생을 하게 되면, 이런 사람은 수행자의 길을 가야 한다. 왜냐하면 그 사람은 무슨 일을 해도 '무의 세계'에서 제동을 걸어 고생을 시키기 때문에 일이 잘 안 되게 되어 있다. 인류 존재 분포설에 의한 자신의 자리이기 때문이다. 이런 사람들이 자포자기하지 않고 또 도전한다면 그 고생이 엄청난 경험임을 깨닫게 되고, 더 수행하고 정진하게 되면 많은 사람들에게 틀림없이 귀감이 될 수 있다.

'공의 법'에 의해 누구나 돌고 있기 때문에 자신이 먼저 많이 돌아보면 그것이 경험이 된다. 이런 연유로 다른 사람들도 돌거나 돌려고 하는 것을 알 수 있다.

한 번의 고생이란 가진 전 재산 이상을 날리는 것을 말한다.

가화만사성家化萬事成의 공

가화 만사성 – 집안이 화목해야 모든 일이 잘된다.

이는 집안에 부부가 있어 이 중 고집과 힘(금적적, 정신적)이 있는 사람이 자신을 낮추고, 이 중 고집과 힘(금적적, 정신적)이 없는 사람과 조화(균형)을 이루는 것이며, 때가 되면 반대로 될 수도 있으니 그때도 이와 같이 하면 된다. 이는 서로를 존중과 존경으로 때에 따라 행하면 되는 것이다. 또한 서로가 힘들지만 배려하려는 마음으로 같이한다면 조화로운 가정을 이룰 것이다. 이를 보고 자식들이 행복하고 밝게 자라난다면 이 가정은 '가화만사성'을 이룰 것이다. 즉 공을 이루어 원만하게 만사가 이루어지게 된다.

'가화만사성'은 엄한 규칙의 집을 말하는 것은 아니며, 서로 간에 자존심을 내세우는 것 또한 아니다. 이 시대는 조선 시대가 아니기 때문이다.

부부의 '천생연분'이란?

안 좋은 여건이나 상황으로부터 벗어(이별, 이혼)나려고 하여도 벗어나지 못하는 상태(헤어지지 못함)가 3회까지 이어온다면 이 부부는 세상이 만들어준 천생연분이다. (이는 한쪽의 잘못을 1번이라 하면 어느 쪽이든 합의 3번을 말한다.)

또한 안 좋은 여건이나 상황은 공의 세계와 무의 세계에서 불어오는 바람을 말한다. 이 바람에 흔들리지 않는 사람은 없다.

현실에서 너무 많은 부부들이 이혼을 하고 있고 심지어 황혼이혼까지 하는 것은 무無에서 부는 바람을 이겨내지 못한 결과들이라 할 수 있다.

부부의 천생연분의 공의 도형

시작의 공의 도형 – 동등하다.

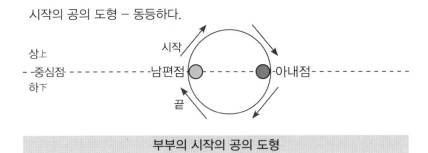

부부의 시작의 공의 도형

부부의 시작은 서로 사랑하고 믿기 때문에 동등하다 할 수 있다. 그러나 살아가는 과정에서 어려운 상황을 만나지만 천생연분은 한쪽이 균형을 잡아 공을 이룬다.

과정의 공의 도형 – 동등하지 않고 엇박자를 이룬다.

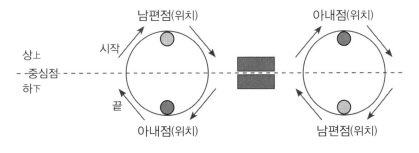

부부의 과정의 공의 도형

이 과정에서 상상을 초월하는 이혼 사유가 발생하지만 천생연분의 부부를 이루기 위해서는 한쪽이 상(강)이면, 한쪽은 믿음과 인내로 균형을 이루고 살아가는 과정을 겪어야 한다. 이를 견디지 못하고 믿지 못하고 신뢰하지 못하면 부부의 공은 깨지고 천생연분은 맺지 못한다.

결과의 공의 도형 - 동등하다.

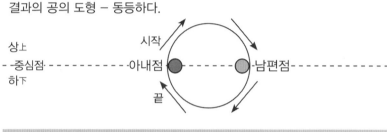

부부의 결과의 공의 도형

결국 부부는 서로 동등하게 믿고 의지하며 말년을 행복하게 살아가는 것을 말한다.

'가화만사성'은 공의 이치에 가장 으뜸이 되고 근본이 된다.

제29장

將欲取天下而爲之
장 욕 취 천 하 이 위 지

將欲取天下而爲之 吾見其不得已 天下神器 不可爲也
장 욕 취 천 하 이 위 지 오 견 기 부 득 이 천 하 신 기 불 가 위 야

爲者敗之 執者失之
위 자 패 지 집 자 실 지

故物或行或隨 或歔或吹 或强或羸 或挫(培)或隳
고 물 혹 행 혹 수 혹 허 혹 취 혹 강 혹 리 혹 좌(배) 혹 휴

是以聖人 去甚 去奢 去泰
시 이 성 인 거 심 거 사 거 태

만일 천하를 취하려고 욕심으로 한다면 내가 볼 때 반드시 그 뜻을 이루지 못한다. 천하는 신묘한 그릇(공空)이기에 인위적으로 되지 않는다.

도모하고자 억지로 행하는 자는 실패하게 되고, 잡은 자도 잃어 버리게 된다.

이 그릇(공)은 어떤 것은 앞서게 하고, 어떤 것은 뒤따르게 한다. 어떤 것은 따뜻하게 불어주고, 어떤 것은 차게 불어준다. 어떤 것은 강하게 하고, 어떤 것은 약하게 한다. 어떤 것은 키우고 어떤 것은 무너지게 한다. 그래서 성인은 지나침을 버리고, 사치를 버리고, 교

만함을 버린다.

해설 ▷▷ 이 장에서는 노자가 공의 입장에서 볼 때 돌아오는 것과 엇박자를 이루게 하는 공을 설명한다.

왜 욕심을 내면 안 되는가? 살아본 사람들은 알 것이다. 욕심 낸다고 다 되는 것이 아닌 것을…. 누구나 다 욕심대로 된다면 공의 법칙은 없었을 것이다.

공空은 부증불감不增不減(늘지도 않고 줄지도 않는다)이므로 이 이치를 깨닫지 못하고 욕심을 내는 것은 결국 너에게 피해를 줄 수밖에 없다. 결국 너에게 피해는 덕을 쌓는 것이 아니므로 시간이 지나면 엇박자로 너가 욕심을 내면서 나에게 피해를 주게 된다.

공의 도형으로 살펴보면

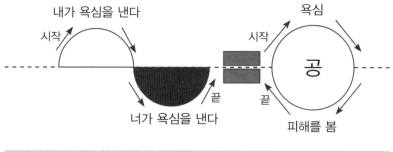

욕심의 공의 도형

상기 도형에서 내가 욕심을 내고 시작하면 시작에서부터 정상까지는 잘되는 것 같다. 그러다 정상을 지나 내리막을 서서히 가다 엇박자의 경계에 이르면 그 욕심이 반대로 나에게 피해로 돌아서고 최악에는 욕심에 상응하는 피해를 무조건 받아 공을 이루고 소멸한다. 이는 나의 욕심으로 너가 피해를 보게 되고, 너의 욕심으로 내가 피해를 보게 되는 것이 공의 법칙이기 때문이다.

동서고금을 살펴보아도 이 법에서 벗어난 자는 없다. 설령 잡았다 해도 일시적인 것을 꼭 명심하여야 한다. 욕심으로 얻는 락(즐거움)보다 그 대가로 피해를 보는 고(괴로움)는 어디 락에 비교하겠는가?

내가 지나치면 시간이 지나 나를 부족하게 만들어 공을 이루게 하고, 내가 사치하면 시간이 지나 부족하게 만들어 공을 이루게 하고, 내가 교만하면 시간이 지나 나를 망신당하게 하여 공을 이루게 한다. 항상 이렇게 공의 법칙은 엇박자로 하나의 공을 이루게 한다. 성인은 이런 법칙을 알기에 정도(엇박자의 경계)를 넘지 않도록 한다.

순리로 하는 일은 복福을 부르며, 수단으로 하는 일은 화禍를 부른다.

수단으로 하는 일은 자신의 욕심으로 타인에게 피해를 주면서 이루는 복을 말한다. 다르게 표현한다면 자신의 의식으로 행하는 것이다. 순리로 하는 복은 자신은 욕심을 내지 않았는데 상대로 인해 자연스럽게 이루어지는 복을 말한다. 다만, 보통 사람들은 순리로 오는 복福을 알기 어렵다.

'손해 보는 듯 살아라'의 공

'공의 이치'는 한쪽이 덕을 보면 다른 한쪽은 실을 볼 수 있기 때문에 이런 경우에는 내가 손해를 보게 되면 당장은 손해인듯 보이지만 공이 돌기 때문에 시간이 지나면 나에게 덕으로 돌아온다.

현시대에 많은 사람들에게 "손해 보는 듯 살아라" 하면 모두 비웃거나 헛소리라며 이해를 하지 못할 것이다. 이는 경륜이나 깨달음을 얻기 전에는 당연한 답변이라 할 수 있다.

"손해 보는 듯 살아라"는 실제로 손해를 보거나 또는 양보 등을 실제로 행하는 것을 말한다. 또한 이 뜻을 깨닫는 데는 그 만큼 많은 시간이 흘러야 한다.

그러면 왜 경륜이 많은 사람이나 깨달음을 얻은 사람이 그런말을 하는 것인가? 또한 그렇게 함으로 인하여 진정 나에게 복으로 돌아오는 것이 맞는가?

이 말을 '공의 이치'로 살펴보면 내가 손해를 본다는 것은 너에게 이익을 주는 결과이며, 이는 너에게 덕을 배푸는 결과와 같다. 공의 이치로 너에게 베푸는 덕은 엇박자로 돌아 시간이 지나면 나에게 복으로 돌아오는 공의 이치의 상대성 원리 때문이다. 이것을 알 수 있는 것은 경륜으로 인한 깨달음이나 수행으로 깨달음을 얻었을 때 가능하며, 이는 공의 이치의 독자성을 깨달은 것과 같다. 이런 연유로 "손해 보는 듯 살아라"는 진리의 말이며, 이 말을 하는 사람과 행동하는 사람은 결국 공의 이치의 독자성과 상대성을 알든 모르든 몸으로 체득한 것과 같다.

공의 도형으로 살펴보면

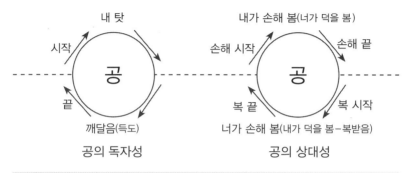

손해보는듯 살아라의 공의 도형

공의 이치로 손해 보는 듯 살면 반드시 나에게 복으로 되돌아
온다. 다만 되돌아오는 시간이 필요하며 이를 깨닫지 못한 사람들
은 죽을 때까지도 믿지 못할 것이다. 공의 도형에서 깨달은 사람
이 손해 본다는 것은 '세상 이치'를 알기 때문에 손해를 보는 것이
아님을 알아야 한다.

너에게 행하는 사소한 잘못들이 공으로 돌아 티끌처럼 쌓이다
때가 되면 일련의 현상으로 무에서 유로 표출된다. 이때가 내가
괴로운 불행에 빠지는 때가 된다.

너에게 하는 사소한 양보나 배려 또는 덕을 베푸는 것이 공으
로 돌아 티끌처럼 쌓이다 때가 되면 일련의 현상으로 무에서 유로
표출된다. 이때가 내가 즐거운 행복에 빠지는 때가 된다.

제30장

以道佐人主者
이 도 좌 인 주 자

以道佐人主者 不以兵强天下
이 도 좌 인 주 자 불 이 병 강 천 하

其事好還 師之所處 荊棘生焉 大軍之後 必有凶年
기 사 호 환 사 지 소 처 형 극 생 언 대 군 지 후 필 유 흉 년

善有果而已 不敢以取强
선 유 과 이 이 불 감 이 취 강

果而勿矜 果而勿伐 果而勿驕 果而不得已 果而勿强
과 이 물 긍 과 이 물 벌 과 이 물 교 과 이 부 득 이 과 이 물 강

物壯則老 是謂不道 不道早已
물 장 칙 노 시 위 부 도 부 도 조 이

도道로써 군주를 보필하는 사람은 무력으로 천하에 강함을 드러
내지 않는다. 무력으로 하는 일은 반드시 되돌아온다. 군사가 머
문 땅은 가시덤불만 자라나 황폐해지게 되고, 큰 군대가 휩쓸고
지나간 뒤에는 반드시 흉년이 들게 되는 것이오.
전쟁이란 것을 안다면 실속(목적)만 챙기면 되지 굳이 강함(무력)으
로 취하지 말아야 한다. 실속을 얻었으면 자랑하지 않고, 과시하
지 않고, 교만하지 않아야 한다. 실속을 얻은 것은 행운으로 치부

하고, 실속을 얻고도 강함을 드러버지 말아야 한다.

만물은 완성하면 쇠하게 되므로 강함을 계속 추구하는 것은 도에 어긋나는 것이며 도에 어긋나면 일찍 사라지게 된다.

해설 ▷▷ 이 장에서는 공의 법칙을 깨달은 자(리더, 책임자, 지도자)의 행동을 말한다. 또한 노자는 여기서 도를 설명한다.

왜 강함을 드러내지 말아야 하는가?

역사상 한때는 강한 나라가 때가 되면 몰락하거나 그 시대의 영웅과 같은 지도자도 한때는 강하지만 오래가지 못했다. 지고 피는 것이 공이기에 덕을 쌓지 않고는 어떠한 강함도 오래가지 않는다. 몽고의 징키즈칸의 전성시대, 진나라 진시황의 전성시대….

너무 강할수록 일찍 사라지는 것을 노자는 말한다. 가족에 있었서나 직장, 단체 등에서, 특히 가족에 있어 내가 너무 강하면 나 이외의 가족은 부족함이 생기니 내가 너무 강하지 않도록 자신을 낮추어야 원만해진다.

만물은 왕성하면 쇠하게 되므로 강함을 계속 추구하는 것은 도에 어긋나는 것이며, 도에 어긋나면 일찍 사라지게 된다.

여기서 만물이 왕성하면 쇠하게 되는 것이 도라 했다. 그럼 강함은 때가 되면 약하게 되는 것도 도라 할 수 있는데 왜 노자는 도에 어긋나는 것이며, 일찍 사라진다고 했는가?

만물은 인간을 제외한 것을 말한다. 만물은 공의 법칙에 순응하여 살아가는 것이 곧 공이 돌아가는 길에 순응하는 것이기 때문이다. 그러나 인간은 공의 세계 중 유의 세계를 지배하는 존재이므로 무의 세계와 많은 관계가 있고, 함께 공을 이룬다.

노자가 말한 도는 강함과 약함을 함께하는 도로 좋은 길을 말한다. 즉 강한 자가 약한 자를 배려하고 보살피며 함께하는 도를 말하며, 배려하고 보살피는 것은 덕이라 할 수 있다.

현실에서도 갑과 을의 존재는 한상 존재한다. 갑을 강자라 할 수 있고 을은 약자라 할 수 있다. 갑이 을을 배려하고 보살핀다면 이는 덕을 행하는 것이며, 결국 갑은 좋은 길로 걸어갈 수 있는데, 이것이 노자가 말하는 도라 할 수 있다.

노자는 강함보다는 유연함을 강조했다. 이는 강함은 공의 이치로 보면 약함으로 변하지만 유연함은 강도 아니고 약도 아니므로 항상 유연함으로 남아 있다. 노자가 물을 최상으로 말하는 것도 같은 맥락이다.

사람이 자신에게는 강하고 남에게는 부드럽다면 이는 현명한 현자를 말하고, 사람이 남에게는 강하고 나에게는 부드럽다면 이는 어리석은 중생을 말한다.

제31장

夫佳兵者
부 가 병 자

夫佳兵者 不祥之器 物或惡之 故有道者不處
부 가 병 자 불 상 지 기 물 혹 오 지 고 유 도 자 불 처

君子居則貴左 用兵則貴右
군 자 거 칙 귀 좌 용 병 칙 귀 우

兵者 不祥之器 非君子之器 不得已而用之 恬淡爲上 勝而不美
병 자 불 상 지 기 비 군 자 지 기 부 득 이 이 용 지 념 담 위 상 승 이 불 미

而美之者 是樂殺人 夫樂殺人者 則不可得志於天下矣
이 미 지 자 시 락 살 인 부 락 살 인 자 칙 부 가 득 지 어 천 하 의

吉事尙左 凶事尙右 偏將軍居左 上將軍居右 言以喪禮處之
길 사 상 좌 흉 사 상 우 편 장 군 거 좌 상 장 군 거 우 언 이 상 례 처 지

殺人之衆 以哀悲泣之 戰勝以喪禮處之
살 인 지 중 이 애 비 읍 지 전 승 이 상 예 처 지

병기는 상서롭지 못한 물건이어서 만물은 그것을 싫어한다. 그러므
로 도가 있는 자는 그것에 의지하지 않는다.

군자는 평소에 왼쪽을 귀하게 여기지만, 군대를 움직일 때는 오른
쪽을 귀하게 여간다.

병기는 상서롭지 못한 물건이어서 군자가 다룰 물건이 아니다. 부

득이 그것을 쓸 때는 담담하게 하는 것이 상책이며, 전쟁에서 승리해도 기뻐해서는 안 된다. 기뻐하는 자는 살인을 좋아하는 것이 되고, 살인을 좋아하는 자는 천하에서 뜻을 얻지 못한다.

길한 일에는 왼쪽을 숭상하고, 흉한 일에는 오른쪽을 숭상한다. 하지만 군례에서는 편장군(부장군)이 왼쪽에 위치하고, 상장군이 오른쪽에 위치한다. 이것은 상례喪禮로 다룬다는 말이다.

전쟁은 사람이 많이 죽기 때문에 비통한 심정으로 맞이하고 승리를 하더라도 상례로 처리해야 한다.

해설 ▷▷ 이 장에서는 안 좋은 길道을 예법과 상례로 설명하고, 전쟁으로 인한 바르지 못한 길을 안타깝게 표현하였다.

그 시대뿐만 아니라 후 시대에도 너무나 많은 전쟁으로 인하여 무고한 사람들이 무의미하게 희생된 것이 현실이었다. 그러나 지금 21세기는 병기는 아니지만 살아가는 것이 치열하여 전쟁과 다를 바가 없다. 결코 전쟁으로는 누구를 이긴다 하여도 때가 되면 자신에게는 해로 돌아오는 것이 공의 법칙이다. 이런 연유로 그런 길(전쟁과 같은 길)보다는 덕을 쌓아 복 받는 길을 걸어가는 것이 진정 승리하는 것이다.

"군자는 평소에 왼쪽을 귀하게 여기지만, 군대를 움직일 때는 오른쪽을 귀하게 여긴다"는 무슨 뜻인가?

그 시대는, 임금은 북쪽을 등지고 남쪽을 향하여 앉아서 나라를 다스린다. 그러므로 임금이 앉아 있는 왼쪽은 해가 뜨는 동쪽이며 양陽 기운으로 기운이 생生하는 좋은 기운을 말한다. 그러나 오른쪽은 해가 지는 서쪽이며, 음陰 기운으로 기운이 멸滅하는 안좋은 기운을 말한다. 만일 임금이 남쪽을 등지고 북쪽을 바라본다면 이 글들은 반대로 표현이 되었을 것이다.

道常無名
도 상 무 명

道常無名 樸雖小 天下莫能臣也 侯王若能守之 萬物將自賓
도 상 무 명 박 수 소 천 하 막 능 신 야 후 왕 약 능 수 지 만 물 장 자 빈

天地相合 以降甘露 民莫之令 而自均
천 지 상 합 이 감 감 로 민 막 지 령 이 자 균

始制有名 名亦旣有 夫亦將知止 知止可以不殆
시 제 유 명 명 역 기 유 부 역 장 지 지 지 지 가 이 불 태

譬道之存天下 猶川谷之於江海
비 도 지 존 천 하 유 천 곡 지 어 강 해

도라는 것은 항상 무명이다. 그것은 질박하고 비록 작지만, 천하의
누구도 도를 부릴 수 없다. 임금과 제후가 만일 도를 지킬 수 있다
면, 만물이 장차 스스로 찾아올 것이다.

천지가 서로 화합하면 감로를 내리듯이 백성에게 명령하지 않아
도 스스로 다스려진다.

도는 시작으로 이름이 생기게 되고, 그 이름은 이미 있었다. 사람
들은 그것을 알면 그칠 줄 알아야 한다. 그칠 줄 아는 것이 위험을
피하는 길이다. 비유하면 도가 천하에 존재함은 하천과 계곡물이
강과 바다로 흘러들어가는 것과 같다.

해설 ▷▷ 이 장에서는 도라는 것에 대한 개념을 전하며, 너무 작아 보이지 않지만 누구도 부릴 수 없고, 도를 행하면 만물이 저절로 자신을 찾아오는 것을 말한다.

도라는 것은 항상 무명이다. 그것은 질박하고 비록 작지만, 천하의 누구도 도를 부릴 수 없다.

도道라는 것은 공이 돌아가는 길을 말하며, 그 길은 좋은 길과 안 좋은 길이 있다. 이 글에서 말하는 도는 좋은 길, 즉 공이 좋게 돌아가는 것을 말한다. 공은 빌(비어 있다) 공으로 작아서 안 보이지만 그 작용은 거대하다.

임금과 제후가 만일 도를 지킬 수 있다면, 만물이 장차 스스로 찾아올 것이다.

"도를 지킬 수 있다면"은, 좋은 길을 만드는 것은 덕을 쌓는 것이고 그 덕을 쌓고 기다리고 있으면 만물이 스스로 찾아온다는 말이다. 만물이 스스로 찾아온다는 것은 도를 행한 당사자는 복을 받는 것이다.

공의 도형으로 살펴보면

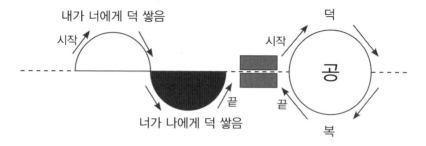

좋게 돌아가는 길의 공의 도형

상기 도형에서 너에게 덕을 쌓고 기다리면, 즉 시간이 지나면 너가 나에게 덕을 주므로 내가 보는 입장에서는 복을 받는 것이다.

위의 글을 다르게 표현한다면 "무소식이 희소식이다."라는 말과 같다. 즉 덕을 쌓고 때를 기다리면 생각도 못한 희소식이 저절로 온다는 것이다. 무소식이 희소식이거나 무소식이 액(괴로운) 소식인 것을 누구나 체험하며 살아가고 있고 또 체험해야 하는 일이며, 그 원인이 자신에게 있음을 꼭 알아야 한다.

"무소식이 희소식이다"를 공의 도형으로 살펴보면

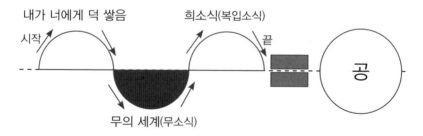

무소식이 희소식의 공의 도형

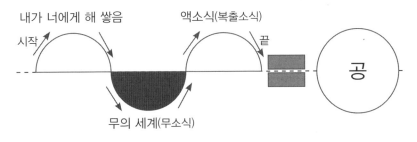

"무소식이 액(괴로운) 소식이다"를 공의 도형으로 살펴보면

내가 너에게 해 쌓음   액소식(복출소식)
시작   끝
무의 세계(무소식)

무소식이 액소식의 공의 도형

선덕행자복래先德行自福來
먼저 덕을 행하면 스스로 복이 온다.

천지가 서로 화합하면 감로를 내리듯이 백성에게 명령하지 않아도 스스로 다스려진다.

천지화합은 공을 이룸을 뜻하고 지도자와 백성이 공을 이루면 잘 다스려지는 것을 말한다.

도는 시작으로 이름이 생기게 되고, 그 이름은 이미 있었다. 사람들은 그것을 알면 그칠 줄 알아야 한다. 그칠 줄 아는 것이 위험을 피하는 길이다.

무명에서 드러나면 유명해지지만 그 유명은 무명일 때도 있었다. 다만 드러나지 않았을 뿐이다. 그것을 알면 유명에 집착하지 말고 그칠 줄 알아야 무탈할 수 있다. 색(류)을 너무 드러내면 괴로운 고를 일으킨다.

●━━━━━━━━━━━━━━━━━━━━━━━━●

제33장

知人者智
지 인 자 지

知人者智 自知者明 勝人者有力 自勝者强
지인자지 자지자명 승인자유력 자승자강

知足者富 强行者有志 不失其所者久 死而不亡者壽
지족자부 강행자유지 부실기소자구 사이불망자수

남을 아는 것은 지혜이고, 자신을 아는 것은 밝음이다. 남을 이기는
것은 힘이 있는 것이고, 자신을 이기는 것은 강한 것이다. 근본을
아는 것이 부유한 자고, 강함(수신)을 행하는 자는 뜻이 있는 것이
다. 근본을 잃지 않는 것이 장구(오래)할 수 있고, 죽어도 명이 남아
있게 된다.

해설 ▷▷ 이 장에서는 공을 깨닫는 것은 지혜가 아니라 자신의
수행, 고행, 고생과 생각 등으로 깨달을 수 있는 것을 말하고, 그
결과는 불멸을 이루는 것을 말한다.

**남을 아는 것은 지혜이고, 자신을 아는 것은 밝음이다. 남
을 이기는 것은 힘이 있는 것이고, 자신을 이기는 것은 강한
것이다.**

노자 도덕경을 많은 학자들이 논하고 설하고 있다. 다만 이 장에서 노자는 학식, 학벌, 언어, 문자로 깨달음을 얻을 수 없다고 말한다.

(제28장에 수신의 공의 도형을 참조)

근본을 아는 것이 부유한 자고, 강함(수신)을 행하는 자는 뜻이 있는 것이다.

공의 법을 깨닫게 되면 그 자체로 누구보다 진정한 부자가 되는 것이다. 다만 부자가 물질적 부자만 뜻하는 것은 아니다.

불경에 '법 보시'라는 부처님의 말씀이 있다.

백천만금의 금은 보화를 보시하는 것보다 중요한 것이 법 보시라 했는데, 이 법 보시는 깨달음으로 득도하고 이를 너(중생)를 위해서 깨달음을 전하고, 그 깨달음으로 중생들이 해탈할 수 있게 할 수 있기 때문에 부처님은 법 보시를 중요하게 전하였으며 불멸을 이루고 계시는 것이다.

백천만금의 보시를 할 수 있다면 얼마나 부자이겠는가? 그러나 법 보시를 행하는 부자보다는 못한 것이다.

또한 노자도 이 도덕경을 적고 불멸을 이루었다.

고생을 해본 사람들은 나름의 철학이 있다.

다만 어설픈 개똥철학은 자신을 혼돈에 빠뜨릴 수 있으니 조심해야 한다. 자신의 철학이 무조건 맞다고 하는 것은 고집에 가까운 것이며, 혼자 존재한다면 맞을 수 있으나 세상살이는 공의 이치에 따라 너와 함께 더불어 살아가야 하기 때문에 서로 조화를 이루어야 한다.

모든 사람들의 물질적 존재 가치는 다르게 볼 수 있으나 생명의 존엄성 가치로는 모두 귀중하니 함부로 이용하거나 부려 먹거나 여겨서는 안 되며, 물건처럼 이용 가치가 없어 버리는 것은 죄업이다. 진정 버려야 하는 것은 자기 자신이며, 아낌없이, 끝까지, 남김없이 쓰다 버려야 이 사람을 진정 훌륭하게 살았다 할 것이다.

공헌貢獻의 공 – 힘을 써 이바지 함

사람들은 알든 모르든 공 안에서 너에게 공헌을 하여 함께 '공'을 이룬다.

예를 들어 직원들은 회사를 위해서 공헌을 하고 그 대가로 월급을 받아 하나의 '공'을 이룬다. 회사는 고객이 필요한 물품을 제공하는 공헌을 하여 그 대가를 받아 하나의 '공'을 이룬다. 택시 기사나 버스 기사는 승객들이 가고자 하는 곳에 모시는 공헌을 하여 그 대가를 받아 하나의 '공'을 이룬다. 공무원은 국민의 편익과 안전을 위하여 공헌하고 그 대가를 받아 하나의 '공'을 이룬다. 주인은 손님을 위하여 공헌하고 그 대가를 받아 하나의 '공'을 이룬다. 의사는 환자의 아픔을 고쳐주는 데 공헌하고 그 대가를 받아 하나의 '공'을 이룬다.

우리가 살아가면서 행하는 모든 것에 하나의 '공'이 있다. 다만 너와 함께 공을 이루느냐 못이루느냐의 차이다.

이런 연유로 공헌 없이 너에게 받는 대가(공짜, 대가성)는 하나의 '공'을 이루지 못하므로 결국 내가 너에게 받은 이상을 내놓아야 하며 이는 불행으로 되돌아 오는 것이다.

현실에서 청탁으로 대가성 뇌물 수수 등으로 정관재계 등에서 많은 사람들이 죄값을 받는 것을 볼 수 있다. 한 나라의 대통령도 공짜에서는 무관하지 못한다. 갑과 을, 강자와 약자의 관계라도 공헌에 적절한 대가를 주고 받는다면 서로에게 덕이 될 수 있다.

우리가 살아가는 현실은 자신에게만, 자신의 회사에만, 자신의 집단에만, 자신의 지역에만, 자신의 기득권만, 결국 끼리끼리에게 만 덕을 볼려고 하기에 조금만 손해가 생긴다 하면 난리가 난다. 천년만년 살 것처럼 하면서. 이런 식으로는 답이 없고 혼돈으로만 항상 공이 돌아갈 것이다.

나도 덕이 되고 너도 덕이 되게, 또는 나도 조금 손해 보고 너도 조금 손해 보는 지혜를 서로 갖는다면 이는 모두에게 덕이 되는 것이다.

또한 수요와 공급의 불균형으로 강자와 약자의 틈이 생기지만 그래도 현명한 자는 그 공헌에 대한 적절한 대가를 알아야 한다. 공헌은 모두 상대성으로 나타나며 이는 너와 나 사이의 조화가 되는 것이다.

공헌을 공의 도형으로 살펴보면

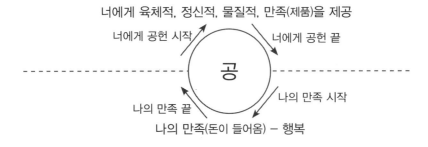

상기 도형에서 고생을 한 다음에 돈을 받아 행복을 느껴야 서로 조화를 이루어 만족하지만 반대로 고생은 했는데 받은 돈이 적다면 행복이 아니고 불만족이 되므로 결국 공을 이루지 못한 것이 되므로 때가 되면 서로 간의 관계(인연)가 끝난다.

공헌하지 않는 경우의 공의 도형

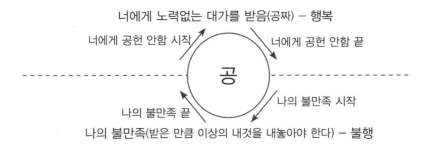

위의 도형에서 행복 다음에는 불행이 꼭 오게 되므로 자신의 노력 없이 받은 대가는 당장은 행복으로 느끼지만 순리대로 시간

이 지나면 노력 없이 받은 것이 원인이 되어 받은 만큼 자신의 귀한 것을 무조건 내놓아야 한다. 귀한 것을 내놓는 것은 자신에게 불행으로 괴로운 상태를 말한다. 여기서 공헌하지 않은 대가를 받았기에 그에 상응하는 자신의 무엇인가는 내놓아야 하는 '공의 법'이 적용되며, 둘은 하나의 공을 이루고 소멸한다. 또한 나름의 공헌은 하였으나 상대(너)와 조화를 이루지 못하고 한쪽이 불만족을 느끼게 되면 공을 이루지 못하여 인연도 끝날 수 있다.

인연이 끝나는 이유는

첫째, 공헌은 하였으나 물질적(금전) 대가가 맞지 않는 경우

둘째, 공헌은 하였으나 육체적(적성과 체질)으로 맞지 않는 경우

셋째, 공헌은 하였으나 정신적(감정)으로 맞지 않는 경우

넷째, 공헌에 비하여 너에게 무리한 대가를 요구하는 경우

"인간은 생각하는 동물"이라는 말이 있듯이 자신의 입장에서 모든 것을 보고 느끼며 생각하기 때문에, 또한 이상(꿈)이 있기 때문에 너와의 인연도 공헌은 하지만 자신이 바라는 공헌의 대가가 변할 수는 있다.

줘도 준 것이 아니면 공헌이 아니다. 이는 서로가 어느 정도 만족해야 하기 때문이다.

좋은 직장, 많은 월급을 받는 사람들이 입사 경쟁이 치열하고 이직률이 적은 이유가 자신이 공헌한 대가에 충분히 만족하고, 환경도 만족하기 때문일 것이다. 그 자리 또한 자신의 공功으로 이룬 자리이므로 만족할 수도 있다.

또한 공헌을 하여 서로 공을 이루더라도 서로의 감정을 건드리는 말들은 하지 말아야 한다.

현실에서 많은 사람들이 좋은 직장에 취업하려고 노력하는 것도 자신의 공을 키워 너로부터 공헌의 대가를 많이 받기 위한 것이며 그로 인하여 행복을 누리기 위한 것이다.

대한민국이 세계 일류 국가로 가고 있는 것은 과거의 선조분들의 공헌과 나라를 위해 노력하는 모든 분들의 공헌임을 깨닫고 시기, 질투보다는 고맙다는 의식을 항상 가져야 한다. 이는 자신을 변하게 만든다.

제34장

大道氾兮
대 도 범 혜

大道氾兮 其可左右 萬物恃之而生而不辭 功成不名有
대도범혜 기가좌우 만물시지이생이불사 공성불명유

衣養萬物而不爲主 常無欲 可名於小
의양만물이불위주 상무욕 가명어소

萬物歸焉而不爲主 可名爲大 以其終不自爲大 故能成其大
만물귀언이불위주 가명위대 이기종부자위대 고능성기대

대도大道는 넓고 넓어서 두루 미치지 않는 곳이 없다. 만물은 서로 의지해 성장하지만 싫어하지는 않는다. 공을 이루고도 드러내지는 않는다. 만물을 보살피고 길러주지만, 주인 행세는 하지 않고, 항상 욕심이 없기 때문에 작다고 한다. 만물이 귀의해도 주인 노릇을 하지 않으니 크다고 한다. 끝내 스스로를 크다고 여기지 않는다. 그런 연유로 큰 것을 이룰 수 있는 것이다.

해설 ▷▷ 이 장에서는 공의 존재와 은혜에 대하여 말한다.

공은 때가 되면 돌아온다. 오묘하고 미묘하게 돌아오니 그 깨달음은 심오하여 알아도 안 것이 아니다.

이 글도 결국 돌아가는 공에 대해 조금이나마 기본은 깨달아 선택은 자신이 했으면 하는 바람과 그 행동으로 인한 심오한 자신을 만들기를 바라는 심정으로 적고 있지만 이 또한 알아도 안 것이 아니다.

인간사 엇박자의 연속

첫 번째 엇박자 – 사람이 태어나면서 만나는 '유의 인연과 무의 인연'이 첫 번째 엇박자다.

두 번째 엇박자 – '유의 인연' 중 남자와 여자로 태어나 만나는 인연이 두 번째 엇박자다.

세 번째 엇박자 – 살아가면서 행복과 불행으로 이어지는 인연이 세 번째 엇박자다.

네 번째 엇박자 – 살아가면서 행복 안에서 행복과 불행으로 변하는 인연과 불행 안에서 행복과 불행으로 변하는 인연이 네 번째 엇박자다. 네 번째 엇박자는 쉽게 말하면 행복은 겹경사고, 불행은 업친 데 덮치는 격이다.

다섯 번째 엇박자 – 위의 모든 것을 깨닫지 못하는 자신의 무지가 다섯 번째 엇박자다.

사람들은 무언가 해주고는 티를 내고자 한다 이는 소인배들의 전형적인 수단이라 할 수 있다. 만약 너에게 무언가 이익이 되게 해주고자 한다면 끝까지 말없이 해주면 된다. 이는 그 사람이 몰라 주더라도 자신이 행한 선덕은 공의 기를 통하여 천지가 알고 있기 때문이다. 그것이 복 받는 것이다. 만약 티를 낸다면 이는 복을 상쇄시키는 결과가 되는 것이다.

상처를 받지 않으려면 먼저 상처를 주지 마라.

執大象
집 대 상

執大象 天下往 往而不害 安平太
집 대 상 천 하 왕 왕 이 불 해 안 평 태

樂與餌 過客止 道之出口 淡乎其無味
악 여 이 과 객 지 도 지 출 구 담 호 기 무 미

視之不足見 聽之不足聞 用之不足旣
시 지 부 족 견 청 지 부 족 문 용 지 부 족 기

공(집대상)은 천하에 오고감이다. 오고감에 해를 끼치지 않고 균등하게 대한다. 음악과 맛있는 음식은 지나가는 나그네도 멈추게 하지만, 도를 말하면 담담할 뿐 아무 맛이 없다. 보려고 해도 보이지 않고, 들으려 해도 들리지 않지만 쓰임에는 다함이 없다.

해설 ▷▷ 이 장에서는 공의 존재에 대하여 설명하고 있다.

공(집대성)은 천하에 오고감이다. 오고감에 해를 끼치지 않고 균등하게 대한다.

불교의 금강경金剛經에 보면 여래如來가 자주 나온다. 장로 수보리가 세존이신 석가모니불께 여래에 대하여 여러 가지를 묻는 내용들이 있는데 '여래如來'는 오고감이 없다. 즉 온 것이 없는 데 간 것이 없으므로 공空을 이루는 것이다.

여기서 왕往은 오고감이 없는 여래如來와 같이 서로 왔다 갔다 하는 왕래往來로 이해하면 된다. 즉 공을 이룸을 뜻한다.

또한 '균등하게 대한다'를 불교의 묘법연화경에서 보면 십여시 라는 문구가 나오는데, 이는 사람이 다르게 태어나고 살다가는 것 은 전생에 행한 자신의 행동이 원인이 되어 현생에 자신의 위치가 있기 때문에 균등하다고 하는 것이며, 사필귀정과 같다고 보면 된 다.(제20장의 '십여시'를 참조)

여리실견분 제오(금강경의 내용 중)

如理實見分　第五

須菩提 於意云何 可以身相見如來不 不也世尊

수 보 리 어 의 운 하 가 이 신 상 견 여 래 부 불 야 세 존

不可以身相得見如來

불 가 이 신 상 득 견 여 래

何以故 如來所說身相 卽非身相 佛告 須菩提

하 이 고 여 래 소 설 신 상 즉 비 신 상 불 고 수 보 리

凡所有相 皆是虛妄

범 소 유 상 개 시 허 망

若見諸相 非相 卽見如來

약 견 제 상 비 상 즉 견 여 래

수보리야, 어떻게 생각하느냐? 가히 신상을 보는 것이 여래이겠느냐? 아니옵니다 세존이시여. 가히 신상을 보는 것은 여래가 아니옵니다. 어떠한 연유인가 하오면 여래께서 말씀하신 신상은, 즉 신상이 아니기 때문이옵니다. 부처님께서 이르시되, 수보리야 무릇 있는 바 상은 다 허망한 것이니 만약 모든 상을 보되 상이 아니면, 즉 여래를 보는 것이니라.

무의 세계는 보이지 않는다. 무의 세계의 상相(모습)을 보았다고 한다면 그는 사이비인 것이다.

드러나지 않는 무의 세계는 예를 들어 경찰이 만 명이 있다고 하여도 드러나지 않은 도둑을 먼저 잡을 수 없는 것과 같다. 또한 어찌 이 소소한 것뿐이겠는가?

신상필벌信賞必罰

상을 줄 만한 훈공勳功이 있는 자에게 반드시 상을 주고, 벌罰할 죄과罪科가 있는 자에게는 반드시 벌罰을 준다는 뜻으로, 곧, 상벌賞罰을 공정公正, 엄중嚴重히 하는 일.

제36장

將欲翕之
장 욕 흡 지

將欲翕之 必固張之 將欲弱之 必姑强之 將欲廢之 必姑與之
장욕흡지 필고장지 장욕약지 필고강지 장욕폐지 필고흥지

將欲奪之 必固與之
장욕탈지 필고여지

是謂微明 柔弱勝强 魚不脫於淵 國利器 不可以示人
시위미명 유약승강 어불탈어연 국이기 불가이시인

줄이려 하면 반드시 펴야 하며, 약하게 하려 하면 반드시 강하게
해야 하며, 폐하려 하면 반드시 흥하게 해야 하며, 빼앗으려 하면
반드시 주어야 한다.

이를 일러 묘한 밝음이라 한다. 부드럽고 약한 것이 굳세고 강한
것을 이긴다. 물고기는 못을 떠나서는 안 되며, 나라의 이로운 물건
은 사람에게 보여서는 안 된다.

해설 ▷▷ 이 장에서는 공의 순리로 돌아가는 도를 설명하고 있
다.

공의 도형으로 살펴보면

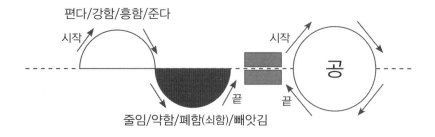

편다/강함/흥함/준다

줄임/약함/폐함(쇠함)/빼앗김

엇박자의 순리의 공의 도형

상기 도형의 모든 일은 공의 기에 의하여 이루어진다. 이 이치를 오묘하고 미묘하게 돌아옴으로 묘한 밝음이라 한다.

망령亡靈(기신氣神)이 일어나면 하극을 만들기 위해 먼저 상극을 이루게 한다.

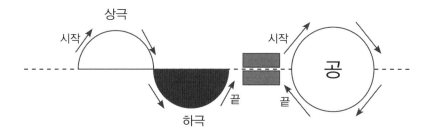

엇박자의 순리의 공의 도형

엇박자의 소원

'무'에 울고 '유'에서 웃어라.

'무'에 소원을 빌고 '유'에 소원을 받아라.

'무'에 자신을 낮추고 '유'에서 존경 받아라.

'무'에 묻고 '유'에 답을 받아라.

이 모든 것은 오묘하고도 미묘하게 소원이 이루어진다.

공생공사共生共死의 공空

공생공사共生共死란 함께 살고 함께 죽는다는 뜻으로, 힘든 일을 함께 이겨낸 아주 막역한 사이를 이르는 말이다. 이는 너와 내가 조화를 이루어 같이 살고 같이 죽는 것을 말한다. 이는 공 안에서 함께 도는 것을 말한다.

공의 도형으로 살펴보면

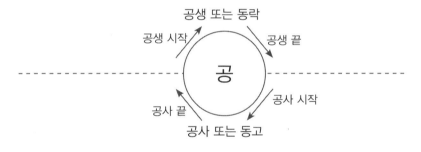

공생공사의 공의 도형

공생공사共生共死에서 순리로 시간이 흘러 가는 도중에 하나가 변질하면 공을 이루지 못한다. 공생공사를 이루기 위해서는 너(서로)에 대한 배려와 베풂 등이 동반되어야 하며, 이는 서로 함께하는 것을 말하며 더불어 살아가는 것이다.

동고동락同苦同樂도 같은 의미라 할 수 있다.

현실에서 어떤 일을 하든 그 일에서 평생을 책임지겠다는 의식으로 행동한다면 천심이 통할 것이다. 이 또한 자신의 일에서 공생공사하겠다는 자세일 것이다.

유비무환有備無患과 무비유환無備有患의 공

"작은 근심은 우환을 없게 하고, 큰 근심 걱정은 자신의 몸을 상하게 한다."

유비무환은 '미리 준비準備가 되어 있으면 우환憂患을 당當하지 않는다'의 뜻이고, 이는 '작은 근심은 우환을 없게 한다'와 같다. 유비有備는 작은 근심을 말하고, 무환無患은 우환을 말한다. 현실에서 많은 사람들이 유비무환을 행하지 않아 괴로운 일들을 받는 경우가 많이 있다.

무비유환은 '미리 준비準備가 안 되어 있으면 우환憂患을 당當하게 된다'라는 뜻이고, 이를 달리 해석하면 '큰 근심으로 자신의 몸을 상하게 한다'와 같은 뜻이 된다.

공의 도형으로 살펴보면

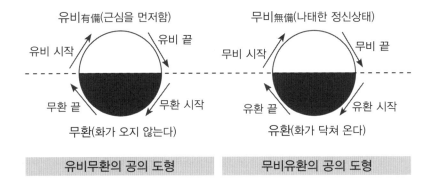

| 유비무환의 공의 도형 | 무비유환의 공의 도형 |

상기의 도형에서와 같이 인생살이가 이와 같은 현상의 공으로
일어나니 조심하여 살아가야 한다.

어떤 일을 행할 때 근심을 하면 우환이 오지 않고, 나태한 생각
(무비)으로 행하면 큰 우환이 와서 자신의 몸을 상하게 할 수도 있
다.

아무리 똑똑하고 현명하여 조심하고 조심하여도 언제 탈이 날지
모르는 인생살이, 가장 유비(준비)하는 상책은 덕을 쌓는 길뿐이다. 또
한 어찌 나만 무탈하겠는가?

道常無爲而無不爲
도 상 무 위 이 무 불 위

道常無爲而無不爲 侯王若能守之 萬物將自化 化而欲作
도 상 무 위 이 무 불 위 후 왕 약 능 수 지 만 물 장 자 화 화 이 욕 작

吾將鎭之以無名之樸 無名之樸 夫亦將無欲 不欲以靜
오 장 진 지 이 무 명 지 박 무 명 지 박 부 역 장 무 욕 불 욕 이 정

天下將自定
천 하 장 자 정

도는 항상 하려고 한 것이 아닌데 저절로 되게 한다. 왕과 제후가 그것을 지킬 수 있으면, 만물이 저절로 조화를 이룰 것이다. 조화를 이루는 중에 욕심이 생기면, 나는 무명의 통나무로 이를 가라앉히리라. 무명의 통나무는 또한 욕심을 사라지게 할 것이다. 욕심이 없어지면 고요함이 오니 천하는 스스로 안정될 것이다.

해설 ▷▷ 엇박자로 돌아가는 공의 오묘하고 미묘함을 깨닫는다면 만물이 조화를 이루고 있는 것을 알게 된다.

도상무위이무불위 道常無爲而無不爲

도는 항상 하려고 한 것이 아닌데 저절로 된 것을 말한다.

자신이 모르는 생각밖의 성과로 비유할 수 있다. 이는 도는 항상 엇박자로 되돌아오게 만들기 때문이다.

무위는 '유의 세계'의 자신의 무의식 상태(생각도 안 하고 있는 상태를 말함)이며, 무불위는 '무의 세계'의 뜻이며, 생각도 안 하고 있는데 좋은 결과를 얻는 것을 말한다.

깨닫기 전 – 이 말은 세상의 순리巡理 중 순행巡行을 말한다. 이는 '무의 세계'의 인류 존재 분포에 의하여 타고난 분수에 맞게 사람이 자기 자리에 앉는 것을 말한다. 어떤 사람은 죽어라 해도 잘 안 되고, 어떤 사람은 쉽게 모든 일이 잘 되는 것을 말한다. 여기서는 모든 일이 잘되는 사람을 비유한다.(전생의 공덕 때문) 이 사람은 받은 복이 많아 애써 자신의 복을 만들려 하지 않는다.

타고난 복 있는 자의 '무위이무불위無爲而無不爲'가 된다. 다만, 잘 타고 났다 하여 그 사람이 노력하지 않는 것은 아니다. 또한 더욱 중요한 것은 타고난 복을 떠나 자신이 덕을 쌓아 복을 만든다면 '무위이무불위無爲而無不爲'가 된다.

이는 정해진 자신의 운명과 같은 것이다. – 순행巡行

역사에 남는 모든 영웅들(황제, 왕, 정치가, 책략가, 재벌가 등)도 때에 맞게 환경을 만들어 주어 그 시대에 태어나고 그 시대를 풍미하고 역사 속으로 사라지나 그 명성名聲은 남아 있는 것이다.

예를 들어 꽃으로 보면 1년 중 한때는 꽃이 피고, 또 지나면 꽃이 진다. 벚꽃 나무가 1년 365일 중 10일 정도만 꽃이 피고, 그 중에서도 며칠간만 만개(활짝핌)하는 것은 벚꽃 나무가 애써 하려고 하는 것이 아니고, 세상의 순리에 의해 때가 되었기 때문에 저절로 된 것이다.

깨달은 후 - 이 말은 세상의 순리巡理 중 역행易行을 말한다. 깨달음을 얻은 사람은 복을 만들어야 하며, 그 노력에 따라 모든 일이 자신의 때에 맞게 '무의 세계'에서 도와주실 것이다. 이것이 깨달은 자의 '무위이무불위無爲而無不爲'가 된다.

이는 만들어 가는 자신의 운명과 같은 것이다.

역행易行을 행함을 말한다. 또한 실제로 '무의 세계'를 믿고, '무의 세계'와 조화(수신＝수행(고행))를 이루도록 노력하면 현실에서도 무위이무불위無爲而無不爲를 체험하게 된다.

현실에서 자신의 분야에서 기술이나 능력이 있는 자는 그 능력을 보이려고 하지 않아도 저절로 그 능력이 드러나게 된다.

보이지 않는 세상을 느낀다는 것 - '무의 세계'를 느낀다.
- 자신의 뜻대로 세상살이가 되지 않는 것을 느낄 때
- 나 외의 다른 사람들이 나와 똑같이 존재한다는 것을 느낄 때(공존-다른 사람이 필요하다는 것을 느낌)
- 산천초목이 살아 숨을 쉬고 있다는 것을 느낄 때
- 엇박자의 조화로 세상이 돌아가고 있다는 것을 느낄 때
- 잠재의식(꿈)에서 부처님과 같이 형상화 된 '신'을 본다든가 부모님 포함 조상님들을 만날 때

사람의 인생살이는?

성질이 급한 사람 – 뛰어다닌다.

빨리 지치기 때문에 인생을 빨리 포기할 수 있다.

보통 사람 – 많은 사람들이 걸어 다닌다.

태어나 아기일 때 빼고는 죽을 때까지 걸어다닌다. 걸어만 다니면 힘들다. 보통의 사람들이 힘들게 살다 죽는다.

나름의 깨달은 사람 – 자리에 앉는다. 걸어다니다 앉으면 얼마나 편하겠는가? 나름의 살아가는 세상 이치를 알기에 조급함과 성냄도 없다. 이것은 움직여야 할 때와 움직이지 말아야 할 때를 알기 때문이다

세상 이치를 깨달은 사람 – 자리에 눕는다. 앉는 것보다 더욱 편하다. 세상살이 '공空 이치'를 알기 때문이다.

'공의 이치'로 볼 때 잘못된 행동

- 내 물건만 중요(귀함)하고 너의 물건은 중요(귀함)하지 않다는 생각과 행동
- 내 몸만 중요(귀함)하고 너의 몸은 중요(귀함)하지 않다는 생각과 행동
- 내 행동만 중요(귀함)하고 너의 행동은 중요(귀함)하지 않다는 생각과 행동

- 내 생각만 중요(귀함)하고 너의 생각은 중요(귀함)하지 않다는
  생각과 행동
- 너는 어떻게 되든 나만 괜찮으면 된다는 생각과 행동

이 잘못된 생각과 행동은 때가 되면 내가 괴로운 '고'에 빠지는 원인이 된다. 또한 이는 한 개인의 문제만이 아님을 알아야 한다.

너를 위한 것이 나를 위한 것으로 되는 것이 세상의 공의 이치이기 때문에 모든 직종의 분야에서 나와 관계가 있는 너의 분야의 룰(정한 규칙이나, 방법)에 대해 최소한의 기본은 배워야 하고 알아야 한다. 또한 너와 나는 자기 분야의 룰을 지켜야 함은 당연한 것이다.

룰(정한 규칙이나 방법)이 지켜지지 않으면 혼돈과 불신이 서로에게 일어나게 된다. 자기 분야에서부터 배워 익혀 지켜 나가야 너에게 피해를 주지 않는다.

자기 위주로 살기 바라고 너의 분야를 등한시하면 '공의 이치'로 결국 자기 자신도 피해자가 될 것이다.

이 모두는 행하고 난 뒤 오묘하고 미묘하게 되돌아 옵니다.

고맙습니다.
이 모든 것은 공空한 것입니다.

地　安

Ground happy life

이 땅에 모든 사람들의 행복한 삶을 위하여…

노자 도덕경의 공 상(上)

초판 1쇄 인쇄 2020년 03월 09일
초판 1쇄 발행 2020년 03월 17일
지은이 地安 이규석

펴낸이 김양수
디자인·편집 이정은
교정교열 박순옥

펴낸곳 도서출판 맑은샘
출판등록 제2012-000035
주소 경기도 고양시 일산서구 중앙로 1456(주엽동) 서현프라자 604호
전화 031) 906-5006
팩스 031) 906-5079
홈페이지 www.booksam.kr
블로그 http://blog.naver.com/okbook1234
포스트 http://naver.me/GOjsbqes
이메일 okbook1234@naver.com

ISBN 979-11-5778-431-8 (04140)
세트 979-11-5778-430-1